LA MUERTE NO EXISTE

LA GRAN METAMORFOSIS

SIXTO PAZ WELLS

Categoría: Desarrollo espiritual
Colección: Trascendencia y muerte

Título original: *La muerte no existe. La gran metamorfosis*

Primera edición: Abril 2020

www.editorialkolima.com

Autor: Sixto Paz Wells
Dirección editorial: Marta Prieto Asirón
Maquetación de cubierta: Sergio Santos Palmero
Foto de portada: @Shutterstock
Maquetación: Lucía Alfonsín Otero

ISBN: 978-84-18263-05-7

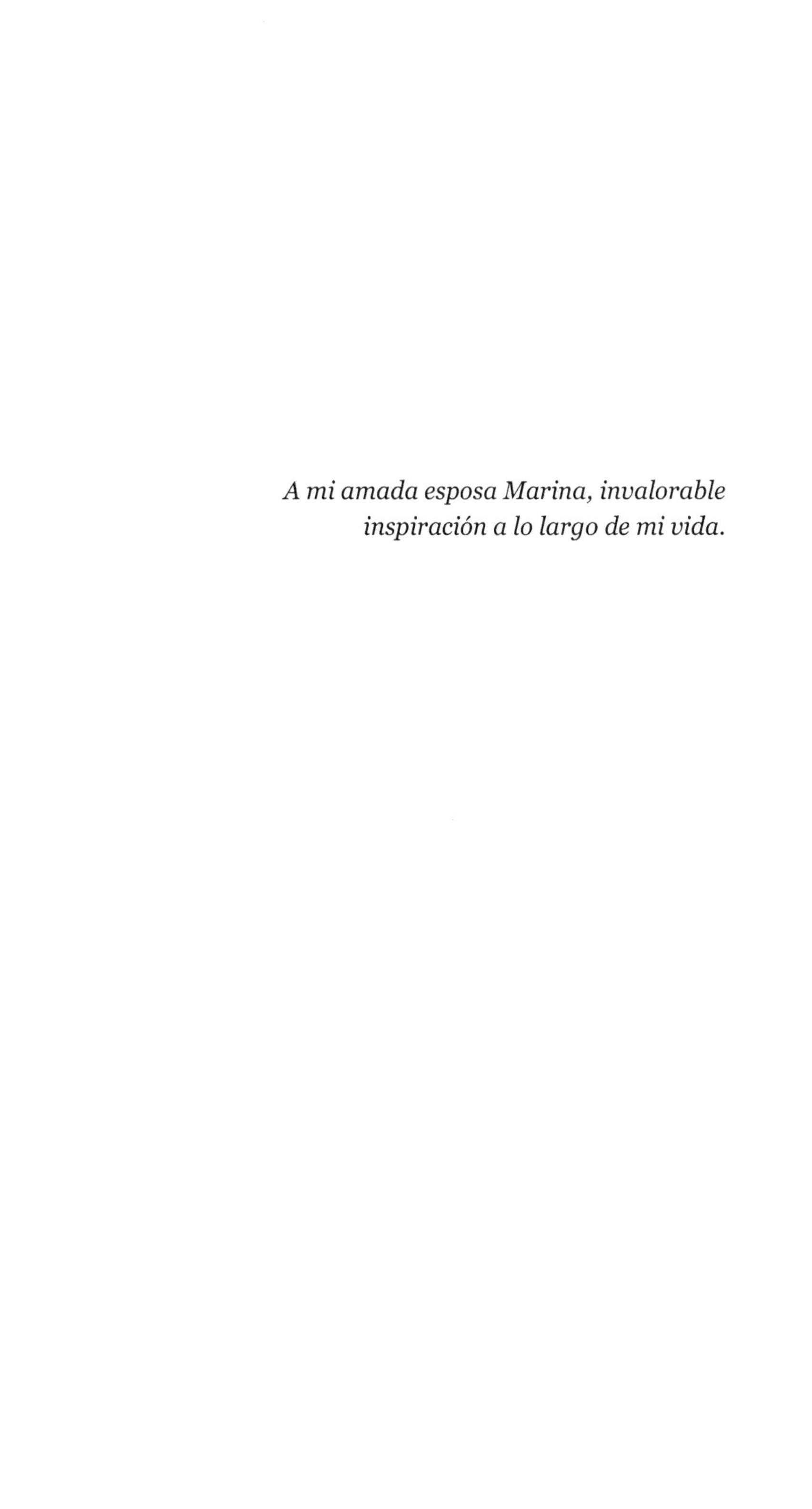

A mi amada esposa Marina, invalorable inspiración a lo largo de mi vida.

Muerte es sinónimo de cambio y metamorfosis en un universo dinámico de transformación continua. La muerte no existe realmente como el final último de la vida, porque es simplemente un paso más, un cambio de traje, una purificación e iniciación a manera de investidura hacia estadios superiores.

Los Guías Extraterrestres

ÍNDICE

INTRODUCCIÓN

La energía no se destruye, solo se transforma.

LEY DE LAVOSIER

La muerte no existe, solo existe la transformación continua. Somos emanaciones del Sol Central y debemos volver a él, como soles generando luz propia, irradiando conscientemente vida y esperanza a sistemas y galaxias.

LOS GUÍAS EXTRATERRESTRES

Cuando era un niño pequeño aún no existía la televisión, por lo que solía sentarme en el suelo de madera de la habitación de mi abuela Virginia, al pie de su cama, acompañándola mientras ella escuchaba música y algún que otro programa de radionovela en su vieja radio. Ella era muy culta y generosa, a pesar de su imagen siempre seria e inalterable. Nunca me besó ni me acarició, ni me dijo que me amaba o cuán orgullosa estaba de mí o lo especial que era yo para ella; sin embargo, pagó mis estudios del colegio cuando mis padres no pudieron hacerlo.

Realmente nunca me dijo mayor cosa. Solo se expresaba mediante su particular silencio, con un permanente ceño fruncido. Ciertamente ella había sufrido mucho desde pequeña como hija natural no reconocida de una familia muy pudiente. Después quedó viuda muy joven con cuatro hijos a cuestas y tuvo que soportar la muerte de uno de ellos que se llamaba igual que yo.

Ella siempre tuvo preferencia por mi hermano mayor, que se parecía mucho a su hijo desaparecido. Por ello solo se dirigía a mí cuando tenía que llamarme la atención, y siempre lo hacía de una manera hosca e hiriente. Aun así yo la amaba porque era mi abuela.

En su ropero de madera oscura guardaba algunos de los cientos de libros que había leído en su vida sobre esoterismo y espiritismo. Entre los libros de mi abuela se encontraba el *Kybalion*, que era uno de los que más consultaba ella y donde se encontraban las enseñanzas de Hermes Trimegistro.

Era una apasionada de los temas metafísicos. Su carácter y su temperamento tan recio y fuerte, propio de una viuda que había conocido de manera muy temprana y cercana la muerte de los que amaba, me ayudaron a templar mi forma de ser y me convirtieron en una persona decidida y valiente, aunque también necesitada decirles a los demás cuán importantes eran para mí y cuánto les agradecía su existencia, así como procurar cualquier excusa para expresar mi afecto.

Una noche, mi abuela notó que yo observaba con curiosidad la carátula del libro que tenía sobre su mesilla de noche, aunque yo no me atrevía a tocarlo sin su permiso. Inmediatamente detectó en mí la inquietud por los temas que a ella le fascinaban, por lo que sorpresivamente me apoyó financiándome una pequeña biblioteca personal de esos temas. De manera que en plena adolescencia fui leyendo esos textos esotéricos editados en Argentina y así pude entender mucho de lo que ocurre en otros planos de existencia, información que complementé con libros que pertenecían a mi padre y que eran de origen brasileño, los cuales trataban sobre la «vida en el mundo espiritual».

Vivíamos con mis padres y mis hermanos en la casa de mi abuela. Mi padre había sufrido un terrible accidente de moto que le dejó postrado en estado de coma cuatro meses, lo cual poco a poco consumió todos sus recursos y le obligó a descuidar su empresa, que finalmente quebró. Tras su recuperación le llegó una efímera época de bonanza, pero hizo pésimas inversiones que le llevaron a perder todo lo que tenía, con lo que sometió a mi madre a una vida siempre ajustada económicamente. La casa era grande y muy antigua, de comienzos de siglo, muy «cargada» o «pesada», como suelen decir cuando se registran una cantidad considerable de fenómenos paranormales (*poltergeist*). Mi abuela se la había comprado a los dueños originales, una familia británica, pagándola en su tiempo con libras esterlinas y remodelándola para darle un estilo más moderno y actual.

Desde muy niño recuerdo con mis hermanos haber visto sombras y siluetas antropomorfas en varios sectores de la casa, que no podían ser consecuencia del temor o la sugestión propios de la edad. Tiempo después nos enteramos de que mi abuela, mi padre y sus amistades habían realizado allí ocasionalmente sesiones de espiritismo con la intención de descubrir los secretos del mundo espiritual.

Hace miles de años, en el Antiguo Egipto, Hermes Trimegistro –Thoth, el Atlante– enseñó que existen siete leyes o principios universales que rigen este universo material de siete dimensiones, donde todos coexistimos a través de siete cuerpos que nos permiten actuar conscientemente en esas siete dimensiones. Una de esas leyes es el Principio de Correspondencia, que señala que «Así como es arriba es abajo»; esto es que las mismas leyes que regulan el macrocosmos actúan en el microcosmos y viceversa, de tal manera que podemos entender cómo funcionan las relaciones en los planos y dimensiones más elevadas y sutiles observando cómo funcionan nuestras interacciones en nuestra vida cotidiana. Y que si queremos cambiar algo a nivel universal tenemos que enfocarnos en nuestra propia vida, para generar así una reacción en cadena. No es casualidad que el propio Maestro Jesús enseñara a través de ejemplos, como el del juez y la viuda, el Hijo Pródigo, los talentos, el siervo fiel, etc.

Si trasladamos esta concepción al tema de vidas sucesivas (reencarnación) podemos hacer la siguiente reflexión: si enviamos a nuestros hijos año tras año a la escuela para afianzar lo que han aprendido y para que aprendan cosas nuevas, así también Dios, en su infinita sabiduría y misericordia, sabiendo que el ser no llega a realizarse en una sola existencia física, le concede tantas vidas como sean necesarias para pasar al plano inmediato superior. Además, es evidente para todos que dos personas no nacen en igualdad de condiciones, ni tienen las mismas oportunidades, y que una vida en sí misma es insuficiente para aprenderlo, superarlo o lograrlo todo. Si no hubiese vidas sucesivas y aprendizaje continuo, todo sería un contrasentido y nada tendría lógica, solo habría caos y casualidad.

Pero la casualidad no existe. Otra de las leyes universales es la de «Causa y Efecto», por la que podemos entender que muchas de las cosas que nos ocurren en la vida son consecuencia de decisiones que tomamos en esta encarnación o en vidas anteriores. Bajo este planteamiento podríamos pensar que todo lo que nos ocurre negativo en la vida, como desgracias, pruebas y privaciones, es injusto, ya que no recordamos lo que hicimos o dejamos de hacer en vidas anteriores.

Todo cuanto nos ocurre en la vida forma parte de una experiencia infinita continua de crecimiento interior y madurez en conciencia. Las pruebas y dificultades buscan ayudarnos a crecer en capacidad y calidad de respuesta, lo cual nos ayudará en esta encarnación y en las sucesivas, perfeccionando nuestras aptitudes. Aunque uno no recuerde al detalle sus existencias pasadas, la madurez y el aprendizaje conseguidos se mantienen de una vida a otra y nos proporcionan ventajas para enfrentar las pruebas actuales. Somos la consecuencia de nuestras vidas anteriores; nunca hemos sido mejores de lo que somos ahora, aunque lo más importante es saber que somos susceptibles de mejorar y que finalmente todo nos llevará indefectiblemente, tarde o temprano, hacia la luz, la felicidad y la evolución.

La Biblia nos enseña: «Haz con otros como quisieras que hicieran contigo; no hagas a otros lo que no quieras que te hagan a ti», por lo que podríamos decir que el propósito de las sucesivas vidas es que aprendamos a ser solidarios y compasivos unos con otros y que activemos en todo y en todos la fuerza más poderosa del Universo, que son el amor, el respeto, la comprensión, la tolerancia y el perdón.

El autor, en representación de su creador

Capítulo I.

La historia de Camila

Qué es la vida, un frenesí,
qué es la vida, una ilusión
una sombra una ficción;
que el mayor bien es pequeño,
que toda la vida es sueño,
y los sueños, sueños son.

CALDERÓN DE LA BARCA, *La Vida es Sueño*

Eduardo C. murió en la ciudad de Quito (Ecuador) en 1996. Dejó tras de sí una vida pletórica de realizaciones, así como una extensa y bella familia agradecida por las innumerables acciones de ese patriarca justo y amoroso. Había sido dueño de una empresa de curtiembres y desde que nacieron sus hijos sembró en ellos adecuadamente los valores del trabajo, la dedicación y la superación, que fueron creciendo en el seno de un hogar bien sustentado por el amor y los cuidados de Anita, su mujer.

Eduardo había tenido varios hijos con Anita, pero por diversas razones, Rafael, el cuarto de ellos, era su preferido. Precoz y acucioso desde niño, estaba ávido de aprender todo lo que hacía el padre y destacó rápidamente en todo lo que se proponía. Con los años llegó a graduarse como ingeniero y creó su propia empresa con máquinas que él mismo armaba y desarmaba, manteniéndolas operativas donde muchos otros se hubiesen desanimado.

Rafael se casó y llegó a tener tres hermosos y brillantes hijos, orgullo de cualquier padre.

En el año 2002, seis años después de la muerte de Eduardo, nació la hija de Mauricio, el hermano mayor de Rafael, a la que llamaron Camila. Desde que nació, la sobrina produjo una inexplicable fascinación en Rafael, a tal punto que la esposa de Mauricio le dijo a su marido que había pensado nombrar padrino a Rafael de su Camila por la extraordinaria empatía que tenía con la niña, porque era evidente que era quien, además de sus padres, más la quería.

El tío Rafael se mantuvo pendiente de Camila y la consintió desde muy pequeña, incluso pasando mucho tiempo con ella, a pesar del gran amor y atención que tributaba a sus hijos. Era algo incomprensible para todos, especialmente para el propio Rafael. Y era tanto el deseo de pasar tiempo con su sobrina que se ofrecía una y otra vez para llevarla personalmente en su coche a cuanto compromiso ella tuviera, ya fuera a la piscina, al ballet, adonde fuese. Naturalmente esto llegó a provocarle celos a Mauricio, el padre de la niña.

Una de esas veces que Rafael llevaba a la pequeña Camila en su coche, ella, que estaba sentada en la parte posterior, insistió en ponerse delante, cosa que no era adecuada por ser ella pequeña. Pero fueron tales los ruegos que el tío accedió y le colocó el cinturón de seguridad. Nada más sentarse ella en el lado del copiloto, cruzó las piernas como una persona mayor y entrelazó los dedos de las manos sobre sus rodillas como lo hacía su abuelo Eduardo. Resulta que en los últimos años de su vida don Eduardo era llevado regularmente por Rafael a sus chequeos médicos y el anciano patriarca, en cuanto se sentaba en el asiento delantero del copiloto cruzaba las piernas y colocaba las manos en la misma posición que ahora adoptaba su nieta Camila. Rafael no había relacionado la postura de la niña con la que adoptaba su padre, pues estaba concentrado en conducir el coche, cuando de pronto la niña se gira y mira a su tío Rafael y le dice:

–¿Recuerdas, Rafael, cuando yo era tu padre?

–¿Qué dices, Camila? ¿Que tú fuiste mi padre?

–¡Sí!... ¿Recuerdas cuando me llevabas en tu otro coche al médico?

Rafael comenzó a reírse nerviosamente y no atinaba a decir nada. Solo escuchaba a la niña pensando que bromeaba o fantaseaba.

Tiempo después Rafael me buscó para contarme la experiencia que había tenido con su sobrina, quien aparentemente sería la reencarnación de su padre Eduardo ya fallecido. Le pedí entonces reunirnos y también con Mauricio, su hermano y padre de la niña. Ya congregados, Mauricio nos confió lo siguiente:

–Desde que empezó a hablar, Camila, en vez de llamarme papá me decía «Mauri», como solía llamarme mi padre, lo cual me extrañó. Desde muy pequeña, a los tres años y medio, sabía cosas increíbles y anticipaba acontecimientos. También relataba cosas sobre sitios y situaciones que era imposible que hubiese conocido. Llegué a pensar que podía ser memoria genética.

»Una vez íbamos en el coche por la calle y de pronto la niña, inquieta desde atrás, me dice: «¡Mauri, quita el pie del embrague! ¿No recuerdas cuando te enseñaba a manejar?». «¡Camila, por favor!... ¿Cuándo me has enseñado tú a manejar?». «¡Antes!... ¡Cuando era tu papá!».

»Y ciertamente mi papá me enseñó a manejar. Él tenía un Volkswagen y siempre me decía lo mismo: «¡Quita el pie del embrague!».

»Más adelante, la niña señaló una casa donde mi padre y nosotros sus hijos habíamos vivido 40 años atrás. Entonces ella me dijo muy excitada: «¿Te acuerdas, Mauri, cuando vivíamos en esa casa?». «¿Cómo te puedes acordar, Camila, si tú no existías en ese tiempo?». «¡Sí! ¡Fíjate, la entrada estaba allí! Pero han bloqueado la puerta y la han abierto al otro lado» dijo ella entusiasmadísima. Ciertamente, los dueños actuales habían realizado esas modificaciones.

»Otro día, cuando la niña tenía cuatro años, salimos al parque para volar una cometa, y nada más tratar de alzarla en vuelo ella me interrumpió quitándomela de las manos y diciéndome: «Ay, Mauri, ¡no sabes volar cometas! Te voy a volver a enseñar ya que parece que has olvidado lo que te dije cuando eras chico».

Después de que Mauricio me contara esto le pedí que hiciera un experimento recordando lo que hacen los lamas tibetanos cuando fallece el Dalai Lama: después de dos años realizan un estudio astrológico evaluando dónde podría volver a nacer, y finalmente recogen objetos diversos que le pertenecieron en vida y los llevan consigo y salen a buscar a su nueva encarnación. El experimento consistía en que le llevara a Camila varios objetos bonitos y llamativos, y entre ellos colocara algún objeto que hubiera pertenecido al abuelo Eduardo. Pero tenía que ser algo muy cercano y personal.

Mauricio encontró el antiguo mango de un cuchillo que usaba don Eduardo en la curtiembre. No tenía hoja, y lo metió entre los demás objetos. Era algo tosco y feo; difícilmente podría llamar la atención de una niña pequeña. Sin embargo, ella, ante el ofrecimiento de su padre de poder escoger uno de los objetos como regalo, al ver expuestos todos sobre una mesa, algunos de ellos hermosos y atractivos juguetes, después de observarlos detenidamente escogió el viejo mango del cuchillo y se puso a jugar con él.

Cuando Mauricio le preguntó por qué había seleccionado un objeto tan feo, ella le contestó:

–¡Porque este es mío!

Este relato real que me tocó escuchar de los mismos testigos es una comprobación más allá de toda duda de la existencia de vidas sucesivas, la reencarnación, y de que cuando las relaciones son muy intensas entre las personas estas vuelven a relacionarse entre sí. En el caso de Mauricio, al ser el primogénito se había quedado con un sentimiento profundo de insatisfacción por no haber contado con la atención y el cariño de su padre, cosa que ahora se cumplía al tener en su propia hija a ese mismo espíritu que venía a compensar lo que quedó pendiente.

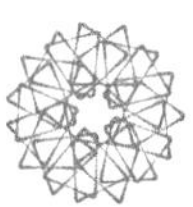

Capítulo II.

Ani, la amiga invisible

Se dice que los niños crean amigos invisibles para compensar carencias afectivas y de atención; pero teniendo ellos los ojos de la mente y del corazón abiertos, sin las limitaciones de los adultos, ¿hasta qué punto esas entidades invisibles son realmente imaginarias?

Enseñanzas Rama

Ingrid R., natural de Yucatán (México), de dieciséis años, sufría de endometriosis, lo cual le auguraba una vida con muy pocas posibilidades de quedar embarazada y tener sus propios hijos. Con el paso de los años conoció a quien sería su esposo y nada más casarse el médico ratificó el diagnóstico: ¡no podría tener bebés!

A los veinte años se había transformado en una eficiente empresaria que viajaba de un lado a otro de la República Mexicana, y a pesar de los numerosos cuidados y tratamientos que había seguido seguía imposibilitada para tener bebés. También padecía de una ovulación inconstante, lo cual le hacía pasar por largos periodos sin regla. De pronto en un chequeo, el médico le confirmó lo que era imposible: estaba embarazada y de cinco meses. El médico estaba tan sorprendido como Ingrid de que su embarazo no se hubiese detectado antes.

Pasado el tiempo de gestación nació el pequeño Eddie y siempre fue un niño solitario que decía que su único amigo era Ani, un personaje aparentemente imaginario. El grado de importancia que alcanzó Ani en la vida de Eddie fue tal que la madre tenía que tomar en cuenta a Ani en todo, servirle de comer, invitarlo a salir con ellos, despedirse de él por las noches...

Las recomendaciones de diferentes psicólogos apuntaban a que Ingrid dejara que el tiempo pasara para que Eddie se olvidara de este personaje, que se habría originado por la soledad y la personalidad del niño, de tal manera que al interactuar con otros niños en la escuela todo esto pasaría a ser una etapa superada de su crecimiento.

Ingrid no podía tener más hijos. El nacimiento de Eddie había sido un milagro que ya había descartado que se repitiera. Pero aun así se volvió a someter a un tratamiento para ver si había posibilidades de tener un hermanito para su hijo. Los tratamientos fueron muy agresivos: biopsias, legrados y medicación para forzar la menstruación y la ovulación. Hasta se planteó una laparoscopia para que pudiera bajarle la menstruación. Los doctores utilizaron todas las técnicas conocidas y confirmaron que no había posibilidades, ni tampoco nada en camino.

Como parte del tratamiento Ingrid tenía que ser internada, y para ello viajó primero a Mérida para dejar al pequeño Eddie, por aquel entonces de cuatro años, con su abuela, y de allí marchar hacia el Distrito Federal para someterse a una cirugía. Faltaban seis días para la operación y, todavía en Mérida, una de aquellas noches, Ingrid, que estaba preparando algo de comer en la cocina, escuchó al pequeño sollozar. El niño se encontraba en el segundo piso y al escucharlo se asustó, de manera que fue rápido a su encuentro. Cuando llegó, Eddie, envuelto en un mar de lágrimas, le dijo:

–¡Mamá, Ani se fue!

La mamá, tratando de consolarlo y convencerlo de que Ani no se iba a ir y que regresaría pronto, le pregunto:

–¿Cómo que se fue? ¡No, Eddie! ¿Por qué dices eso? Ya verás que no.

–¡No, mamá, Ani no va a volver! Porque me dijo que a partir de este momento tenía que entrar a tu pancita porque va a ser mi hermanita!

En ese momento Eddie señaló el vientre de su madre. Pero Ingrid no le creía. Pensaba que podía ser la ilusión y la imaginación del niño, deseoso de tener un hermanito. Así que lo abrazó tiernamente, luego lo acostó y lo acompañó hasta que se quedó profundamente dormido.

Al bajar las escaleras Ingrid sintió como si una persona pequeña le tirara de la playera. Giró de inmediato para ver si no era su propio hijo que se había despertado, pero no había nadie. En ese momento se le puso la piel de gallina y entonces escuchó una voz como de una niña que le decía inocentemente:

–¡Mami!

Era como la afirmación de «aquí estoy». Pero lo increíble de todo es que la abuela lo escuchó también, y también lo hicieron otros familiares que estaban en el primer piso.

Desde entonces Ingrid sintió la necesidad de hacerse la prueba de embarazo, que resultó positiva, algo imposible en vista de todo lo que le habían hecho y de todos los tratamientos a los que se había sometido. A partir de ese momento y sabiendo que estaba embarazada, se angustió pensando que podría sufrir un aborto en cualquier momento o que el bebé podría nacer afectado como consecuencia de todo lo anterior.

A los seis meses nació Itzel con muchos problemas, con insuficiencia respiratoria y reflujo, lo que auguraba un panorama fatal. Los médicos decían de manera pesimista que la niña, de solo 1,6 kg, no iba a sobrevivir, y que lo único que se podía hacer era esperar el desenlace final. A Ingrid le reiteraron una y otra vez que la bebé se estaba asfixiando y que no podía comer, por lo que moriría de un momento a otro.

Todo el mundo le decía, incluyendo sus parientes y hasta su marido, que tenía que hacerse a la idea de que la niña no sobreviviría. Habían pasado seis días desde el nacimiento y la niña estaba en casa, cuando de pronto dejó de respirar. En ese momento la abuela estaba hablando por teléfono con su marido y Eddie estaba en la sala. Ingrid, pendiente de la bebé, vio que la niña dejaba de respirar y cómo moría en sus brazos. Entonces dio un grito de alarma entre sollozos que atrajo a sus familiares, que la rodearon. Alguien, de manera inoportuna, le dijo:

–¡Déjala ir! Si esta es la voluntad de Dios, no la podrás retener. Ya nos habían advertido los médicos que esto pasaría.

En ese instante entró el pequeño Eddie a la habitación y se arrodilló en el suelo con los brazos en alto, y a pesar de sus cuatro añitos, se puso a orar llorando.

–¡No dejes que se vaya mi hermanita, mamá! ¡No permitas que se muera!

Ingrid reaccionó con coraje, desesperación e impotencia y le dio todo tipo de masajes a la bebé y le hizo respiración boca a boca. La niña ya llevaba en ese instante más de dos minutos sin respirar y se había puesto morada y había dejado caer sus bracitos y piernas.

La abuela reiteró entonces:

–¡La niña ya murió, hija! No te aferres a ella.

En ese momento, Ingrid, cargando a su hija, la empezó a sacudir violentamente ante la sorpresa general diciendo:

–¡Dios, no vale! Me mandaste a mi hija para cuidar de ella y ahora me la quieres quitar. Me la tienes que devolver.

»¡Devuélveme a mi hija!

Y, de pronto, como si el cielo hubiese escuchado la súplica y el justo reclamo, la niña volvió a respirar alzando los brazos y moviendo sus piernitas. En ese momento, lo único que pensó su mamá fue en regularle la respiración y ayudarla.

A pesar de ser tan pequeña, mientras intentaba respirar y volver en sí, la bebé apuntó su mirada hacia Ingrid como pidiendo ayuda. Luego su mirada se fue serenando y llegó a expresar una sonrisa y un sentimiento de gratitud por haberle devuelto a la vida. Eddie abrazó las piernas de su mamá y dijo, agarrándole las manitos a su hermanita:

—¡Gracias, hermanita, por haber vuelto y no haberte terminado de ir!

Con el paso de los años, Itzel (Ani) se convirtió en una niña preciosa, de buen carácter, amada y querida por todos. Las notas del colegio desde el jardín de infancia reflejaban que era alguien sumamente inteligente y precoz, muy altruista y preocupada por sus compañeros. Siempre era la primera en actuar frente a cualquier injusticia o abuso. A Itzel le gustaban las manualidades y aprendió con una increíble facilidad el arte del *origami*, por ejemplo. Entre otras cosas, la niña comenzó a escribir poesía y cuentos antes de los ocho años, que es cuando su madre se enteró de esta afición. Pero lo extraño es que escribía como una persona mayor, con mucho sentimiento y en género masculino.

Ella, desde pequeña, decía:

—¡Odio a los criminales! ¡No soporto ni permitiré las injusticias!

A Ani le costó mucho venir o volver a este mundo, empezando por el embarazo de su madre, su nacimiento prematuro y hasta sus limitaciones de salud que la llevaron a varias muertes clínicas. Los médicos le auguraban una vida llena de limitaciones por todo lo sufrido y padecido; sin embargo hoy por hoy Itzel está en perfectas condiciones de salud: es inteligente y perspicaz, en todo normal, aunque esboza una madurez impropia para su juventud y muchas veces se comporta como un anciano sabio.

Habría que analizar cuántos amigos invisibles hoy son parte de nuestra familia biológica; solo estaban esperando su momento para volver o integrarse y estar a nuestro lado.

Capítulo III.

De médico francés a ama de casa Sudamericana

Todo en la vida tiene una explicación.
Aunque muchas veces esta
nos rompa los esquemas
y nos resulte tan extraña
como alejada de lo establecido.

Enseñanzas Rama

Mari es una extraordinaria ama de casa, madre de dos hijas bien educadas que, ya graduadas en la universidad y con honores, han sabido abrirse paso profesionalmente en la vida. Dueña de una inteligencia superior, hábil en todo lo que se propone, a pesar de sus brillantes estudios universitarios en Psicología y Neurología, después de diversos empleos decidió dedicarse por entero a su casa y a su familia.

Desde pequeña padecía de extraños ataques, en los cuales se veía asediada por una sombra oscura que trataba a veces de sacarla violentamente de su cuerpo y otras de incorporarse a ella, lo cual le producía angustia y temor. A pesar de tener muy claramente definido su sexo y su rol en la presente existencia, más de una vez en sueños se veía como un hombre en Europa.

Su feliz matrimonio no disminuyó los ataques, que aunque esporádicos llegaron a ser contemplados por su esposo, quien los definió como una suerte de epilepsia con intento de posesión.

La práctica de la meditación por parte de ambos y de técnicas de regresión permitieron que Mari conociera en una clara visión que en su vida anterior ella había sido un médico francés interesado por el espiritismo y que estaba radicado en Inglaterra, así como que experimentaba con sus pacientes, buscando aprender cómo curar, pero también investigando sin ningún escrúpulo.

Este tipo de conocimiento al que llegó Mari sobre sí misma, y supuestamente sobre anteriores encarnaciones suyas, la llevaron a bloquear definitivamente los ataques y la acechanza, que desaparecieron como por arte de magia a pesar de que le venían desde la niñez, y que habían desembocado en una serie de problemas de salud muy fuertes con lesiones en los huesos, diabetes, problemas de riñón, etc. como karmas acumulados de aquella vida anterior en la que ella experimentó en otros, que la habían llevado hasta verse sumida en varios protocolos de experimentación por parte de médicos buscando solucionarle sus problemas.

Hoy Mari trabaja junto con su esposo la «terapia del perdón», con la convicción clara de que nada nos ocurre en la vida si no es por algún motivo, muchas veces de aprendizaje, otras de corrección o expiación. Y es que tenemos que tener cuidado a la hora de intentar abrir puertas entre dimensiones, porque estas pueden no solo abrirse sino atraer todo tipo de entidades, muchas de ellas inconvenientes y que podrían acompañarnos de una vida a otra acechándonos, y a través nuestro a los más cercanos a nosotros. Y en cuanto al proceder con los demás, siempre hemos de recordar aquello de: «El fin no justifica los medios» y «No hagas a otros lo que no quieres que te hagan a ti».

Capítulo IV.

Los siete cuerpos

El número siete simboliza la perfección.
Siete son las dimensiones del universo material,
siete son los chakras o ruedas de energía principales;
siete son las leyes que todo lo regulan
y siete los cuerpos con que realizamos el aprendizaje
de la vida.

LOS GUÍAS EXTRATERRESTRES

Existen tres universos, uno contenido dentro de otro. Estos tres universos son el material, el mental y un tercero llamado espiritual. El universo espiritual creó al universo mental, y este a su vez al material. El material posee siete dimensiones y está regido por las siete leyes o principios antes mencionados en los nuevos paradigmas. El mental posee tres dimensiones y está regido por tres leyes o principios, mientras que el universo espiritual tendría dos dimensiones (son muchas más pero de una manera esquemática las explicamos así) y estaría regido por dos leyes. Para crecer en conocimiento y experiencia, cada vivencia nos permite contar con vehículos o cuerpos densos y sutiles para vivir experiencias interdimensionales.

Los siete cuerpos del ser humano son:

1. *El cuerpo físico denso material:* que es el envase biológico de los demás cuerpos.
2. *El cuerpo astral:* que es el cuerpo de las emociones y los deseos, y está unido al físico por el cordón de plata, el cual se quiebra cuando morimos.

3. *El cuerpo mental inferior:* que son la personalidad y el carácter.
4. *El cuerpo mental superior o cuarta dimensión:* que es el cuerpo donde se encuentra todo nuestro potencial psíquico y percepción extrasensorial.
5. *El cuerpo del alma o la catedral del espíritu:* que es el acopio de las experiencias de nuestras vidas pasadas. Ahí se encuentran nuestra misión y nuestro nombre cósmico o clave vibratoria personal, una suerte de *mantram* individual (sonido primordial). El nombre cósmico es la suma del sonido que acompañó la condensación de nuestra individualidad con el sello del momento en que a través de nuestras encarnaciones tomamos conciencia del camino espiritual.
6. *El cuerpo del espíritu:* que es la conciencia.
7. *El cuerpo esencial:* que sería nuestra chispa divina.

En el ser humano se dan los tres universos en los tres planos de conciencia, como son el físico, el mental y el espiritual. Los primeros tres cuerpos, el físico, el astral y el mental inferior, constituyen el plano de la conciencia material y nos conectan a través del plano material con el universo material de siete dimensiones.

Los cuerpos mental superior, el alma y el espíritu, constituyen el plano de la conciencia mental, y nos conectan a través del plano mental con el universo mental de tres dimensiones.

El séptimo vehículo, que es nuestra esencia, también se divide en tres: voluntad, sabiduría y amor, constituyéndose como el plano de la conciencia espiritual y conectándonos a través del plano espiritual con el universo espiritual de la décimoprimera dimensión en adelante.

Nosotros podemos vivir simultáneamente en las siete dimensiones del universo material, y a través de los planos de conciencia en los tres universos, solo que primero necesitamos darnos cuenta de que somos seres multidimensionales y que esta multiplicidad de realidades es parte de nuestra naturaleza, que es lo que conocemos como despertar de la conciencia. Si nos abrimos a este conocimiento fortaleciendo a continuación nuestra voluntad podremos mantener la conciencia despierta para iniciar el ascenso.

¿Y cómo hacerlo? Lo interesante es saber que la forma no es lo más importante, sino la actitud. Técnicas hay muchas; lo importante es que si creemos en lo que estamos haciendo y en su resultado final, lograremos nuestro objetivo, pero si no es así estaremos pasando de una técnica a otra, de una forma a otra sin avanzar, concretar ni profundizar.

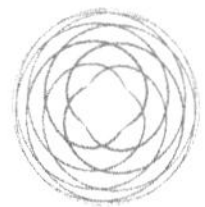

Capítulo V.

Los nuevos paradigmas

Los nuevos paradigmas
están basados en las leyes universales.
Son leyes y pautas que siempre existieron
pero cuyo conocimiento estuvo reservado a los iniciados,
para que ese conocimiento no se perdiera
o fuera mal utilizado.
Estas leyes marcan el funcionamiento
de las fuerzas universales.
Para comprender el proceso de la vida y la muerte,
y su sentido profundo,
así como la verdadera inmortalidad del alma,
hay que comprenderlas y saber
cómo adaptarlas a los nuevos paradigmas.

Enseñanzas Rama

Somos pues seres multidimensionales viviendo en múltiples realidades simultáneas con capacidad de interactuar y crear.

Vivimos en un universo material de siete dimensiones, y poseemos siete cuerpos para actuar en esas siete dimensiones. Cada uno de esos cuerpos es como una capa o envase de nuestra «esencia divina» o «cuerpo esencial» que nos permite vivir determinadas experiencias de aprendizaje y crecimiento en determinadas frecuencias vibratorias, desde lo más denso hasta lo más sutil.

Para activar la conciencia en cada uno de esos siete cuerpos, para actuar conscientemente en cada una de esas siete dimensiones, disponemos de siete *chakras*, vórtices o ruedas de energía, que debemos aprender a activar a través de la sagrada respiración.

Más allá de la séptima dimensión, como en la música, en una octava superior hay un universo paralelo a este que ya no es material sino mental. La octava, la novena y la décima dimensión corresponderían a ese universo mental, y de la undécima dimensión en adelante nos encontramos con un tercer universo que es espiritual. El universo espiritual creó el mental, y el mental el material, de tal manera que Dios, que es uno solo, no nos creó a nosotros directamente sino a través de jerarquías intermedias; a través de un grupo de seres ultraterrestres del universo mental llamados los «Hellel» o los «Resplandecientes», también conocidos como «los Hijos de Dios».

En nosotros se da la manifestación de los tres universos como tres planos de conciencia: material, mental y espiritual, con la misma potencialidad creadora de un plano sobre el otro. En la medida en que crezcamos en consciencia, esto es, que seamos conscientes de esta multiplicidad de realidades, podremos actuar modificando, orientando y dirigiendo nuestra existencia hacia un sinfín de realizaciones y materializaciones trascendentes. Nuestra evolución nos reconectará con los tres universos.

Estamos pues en un universo material de siete dimensiones, el cual se encuentra regido por siete leyes o principios. Conocerlas y saberlas aplicar nos convierte en magos, maestros y alquimistas capaces de transformar y transmutar todo alrededor nuestro y dentro de nosotros mismos. Estas leyes son:

1. El Principio del Mentalismo o el nuevo Paradigma de la Atracción

El significado de esta primera ley universal es que «todo es mental», «todo es mente». Las cosas, las circunstancias y las diversas situaciones son creadas primero en nuestra mente para posteriormente ser materializadas, de tal manera que «uno puede crear lo que cree». Si creemos en cosas positivas, atraeremos y crearemos condiciones y circunstancias positivas a nuestro alrededor; pero si, por el contrario, nos dejamos arrastrar por el negativismo y el pesimismo de tal manera que estamos todo el tiempo pensando en cosas negativas, esas serán las que atraigamos y materialicemos en nuestra vida y en torno nuestro.

Todo es consecuencia de una actitud mental y de un acto de voluntad. Si creemos, creamos. Nuestra mente es creadora. Es una parte ínfima de la esencia universal, pero semejante a ella. Como dicen las Sagradas Escrituras en los Salmos: «Dioses sois, hijos del Altísimo» (Sal 82:6).

Debemos aprender a despertar, orientar y administrar de manera positiva esa divinidad, siendo creadores de realidades trascendentes y constructivas.

El principio del mentalismo requiere de nuestra concentración, voluntad y sabiduría para atraer en nuestra vida todo lo mejor, lo más bueno, lo más sabio y adecuado.

Para memorizar más fácilmente este principio, lo relacionamos y ubicamos en el vórtice, *chakra,* o rueda de energía de nuestra coronilla encima de la cabeza, y con la figura de una flor de loto violeta, símbolo de la trasmutación, la mística, la fe, la magia y el cambio.

2. El Principio de Correspondencia o el nuevo Paradigma de Creación

La segunda ley universal es el Principio de Correspondencia, que significa que «así como es arriba así es abajo, y viceversa», lo que quiere decir que las mismas leyes que organizan y regulan el macrocosmos, el Universo, también lo hacen con el microcosmos, que es el universo interior de cada uno. Si queremos conocer cómo funciona el Universo, primero debemos empezar por conocernos a nosotros mismos. Si iniciamos el proceso del autoconocimiento sabremos cómo se mueve todo y cómo podemos modificarlo. Si queremos que nuestra pareja cambie, que cambien nuestros hijos o que cambie nuestra familia, el vecino, y hasta el mundo, debemos empezar por cambiar nosotros, porque somos como un espejo mágico donde todo y todos se reflejan. Si queremos que esa imagen cambie tenemos que hacer magia interior para reflejarlo en el exterior. Es a través nuestro que se inicia la reacción en cadena, porque como ya dijimos antes, somos dioses creadores, arquitectos de nuestra propia realidad. Todo lo que queramos que sea creado a nuestro alrededor debe ser experimentado primero en nosotros. La clave es descubrir nuestro potencial creador.

Para este principio se deben trabajar el despertar de la conciencia, el discernimiento y la intuición para saber crear y materializar la Creación.

Esta ley la relacionamos con el vórtice de la frente, o el entrecejo, y para memorizarla la ubicamos en esa posición como una estrella de seis puntas de color azul brillante, símbolo del equilibrio espiritual y la realización.

3. El Principio de Vibración o el nuevo Paradigma del poder del Decreto

«Todo vibra, todo está en movimiento», todo se mueve hacia un cambio, hacia su propia transformación; pero también este principio tiene que ver con el poder del sonido, que se manifiesta en nosotros a través de la palabra, como «la magia del verbo». Esto quiere decir que «uno concreta lo que decreta».

El *Evangelio de San Juan* dice: «En el principio era el Verbo, la palabra, y la palabra era Dios, y la palabra estaba al lado de Dios, y por la palabra todas las cosas fueron hechas». Qué importante es entonces la palabra si se le asigna ese poder de materializar intenciones.

Debemos tener mucho cuidado con las cosas que decimos porque la palabra es creadora y tiene su propia carga vibratoria que puede contaminar el ambiente o lo puede elevar vibratoriamente.

Decía un adagio árabe: «Habla solo cuando tus palabras sean más dulces que tu silencio», de tal manera que si no tenemos nada bueno que decir, mejor aprender a guardar silencio.

La palabra es la que da forma a las cosas. Por la palabra se puede construir o destruir. La palabra es una llave que puede abrir puertas entre las dimensiones, así como abrir las conciencias y los corazones de los semejantes, pero solo si se emplea adecuadamente. Para este principio se debe trabajar la respiración, el autocontrol, la inteligencia, la autobservación, la prudencia y la pureza.

La ubicación de este principio sería a la altura de la garganta y se simboliza con una media luna de color celeste aguamarina, símbolo de la mejor relación con uno mismo y con los demás, del diálogo y la comunicación.

4. El Principio de Polaridad o el nuevo Paradigma de la Emoción y el Sentimiento

«A toda fuerza se le opone otra contraria de igual intensidad». Uno mide la importancia de las cosas que realiza en la vida por el grado de dificultad u oposición que se genera como reacción contraria.

La vida se encarga continuamente de ponernos a prueba para fortalecer nuestra voluntad y convicción, pero muchas de estas pruebas son consecuencia de la misma acción generada con nuestras decisiones y actitudes previas.

Los cristales, como símbolo de la perfección del reino mineral, se forman en el interior de la Tierra debido a grandes presiones. Exactamente igual ocurre en el ser humano, que se va perfeccionando a través de presiones, pruebas y dificultades que se le van presentando en el camino de la vida.

El problema en la vida no es cuando hay problemas, sino cuando no los hay, porque entonces debemos pensar que lo que estamos haciendo no tiene mayor trascendencia o es que en cualquier momento se darán las dificultades y hay que estar preparados para ello. En *El Quijote*, su autor, Miguel de Cervantes, pone en boca del famoso hidalgo esta frase: «Ladran los perros, Sancho, señal de que avanzamos».

Para que la Ley de Polaridad nos permita hacer prevalecer lo justo, lo bueno, lo positivo, debemos ponerle una poderosa carga de emoción y sentimiento. Debemos apasionarnos como para darle fuerza a lo que nos proponemos. Sin esa cuota de emoción y sentimiento difícilmente lograremos nuestros objetivos, y es ahí donde radica nuestra naturaleza humana, en la capacidad de activar en profundidad la emoción y el sentimiento; en otras palabras, en ponerle pasión a la vida.

Llegará un momento en que trascenderemos la polaridad y la lucha de opuestos, donde solo el sentimiento nos encumbrará por encima de todo conflicto a través de la conciencia y el perdón.

Para esta ley se deben trabajar la pasión, el sentimiento, la perseverancia, la paciencia, la tolerancia y la convicción.

Este principio lo ubicamos a la altura del vórtice del corazón identificándolo con una cruz de cuatro lados iguales, símbolo de la actitud positiva de siempre sumar y aportar, de optimismo y amor a la vida.

5. El Principio del Ritmo o el nuevo Paradigma de la Paz y Equilibrio

«Todo va y viene. Nada permanece igual para siempre». Todo está sujeto a fluctuaciones, todo cambia, nada permanece igual, todo está sujeto a variaciones y a permanentes modificaciones, todo se mueve como un péndulo. No siempre estaremos bien, ni tampoco siempre mal. «Cuanto más oscura está la noche, más señal es de que el día está más cerca». Todo en la vida está sujeto a ritmos que pueden llegar a ser controlados y dirigidos en armonía. Nuestra vida puede y debe ser dirigida por nuestra voluntad y conciencia, procurando lo mejor, aprendiendo previamente a reconocer qué es lo mejor, desde una actitud de paz interna, procurando estabilidad y equilibrio, que conseguiremos siendo consecuentes con nosotros mismos.

Para esta ley se deberán trabajar la voluntad, la fe, la paciencia, la constancia y la esperanza.

Este principio lo ubicamos a la altura del plexo solar, ligeramente por encima del ombligo, y lo identificamos con un disco dorado símbolo de la unidad en la luz. El círculo es autoconocimiento y el dorado es equilibrio, estabilidad y sabiduría, que es lo mismo que decir la justa aplicación del conocimiento.

6. El Principio de Causa y Efecto o el nuevo Paradigma de Ley de la Voluntad

«Toda causa tiene su efecto. Todo efecto tiene una causa; todo obedece a leyes universales». Nada ocurre porque sí; todo es producto de una razón o motivo, y además todo apunta en una dirección, la que nuestra voluntad determine.

Dice el *Antiguo Testamento*: «La Ley del Talión: ojo por ojo y diente por diente». Y en el *Evangelio*: «Haz con otros como quisieras que hicieran contigo, no les hagas a otros lo que no quieres que te hagan a ti». He aquí un conocimiento clave para saber por qué nos ocurren ciertas cosas en la vida y la regla de oro en el comportamiento de nuestra vida para construir una atmósfera alrededor nuestro de paz y armonía.

Los seres humanos somos resultado de nuestras existencias pasadas; nadie está en el camino de modo improvisado. Todo en nuestra vida es consecuencia de las necesidades de nuestro actual aprendizaje y de las decisiones, pensamientos y actos que sembramos a lo largo de nuestras existencias, incluyendo la presente.

La cosecha de nuestra vida es el producto de la siembra de nuestras acciones previas. Debemos fortalecer nuestra voluntad para dirigir los hechos de nuestra vida a la consecución de metas cada vez más elevadas.

Esta ley universal es la base del concepto de la reencarnación, de la existencia de las vidas sucesivas como proceso de aprendizaje y crecimiento.

Para esta sexta ley se han de trabajar la voluntad, el servicio con discernimiento, la bondad y la decisión.

Este principio lo ubicamos a la altura de los órganos sexuales y lo identificamos con un triángulo naranja, símbolo de la voluntad espiritual, que requiere templar y controlar el carácter, así como sensibilizarse y desarrollar nuestra creatividad, porque la vida es arte.

7. El Principio de Generación o el nuevo Paradigma del Amor

«Todo tiene su principio masculino y femenino, su positivo y su negativo; todo busca su complemento. Los opuestos son necesarios para el crecimiento de ambos». Todo en el Universo busca su complemento, como la luz y la oscuridad, lo bueno y lo malo.

Con el tiempo uno llega a darse cuenta de que hasta lo malo en la vida no es tan malo, porque hace que lo bueno sea más bueno.

¿Quién sabría valorar la luz del día si antes no pasara por las tinieblas de la noche?

Amemos la vida, aun con todas sus pruebas, por muy duras que sean, que todo ello contribuirá a ayudarnos a crecer en conciencia.

Para esta séptima ley habremos de trabajar la comprensión, la tolerancia, el respeto y sobre todo el amor como aceptación.

Este principio lo relacionamos y ubicamos en el primer chakra situado en el coxis y lo simbolizamos con un cuadrado rojo que representa el que hasta para amar hay que aprender. Este principio es la base de todos los anteriores. Ninguno de ellos puede funcionar adecuadamente ni alcanzar su objetivo más elevado si no es por amor y para amar.

¿CÓMO ACCIONAR LAS LEYES Y LOS PRINCIPIOS UNIVERSALES COMO LOS NUEVOS PARADIGMAS?

Cada vez que hacemos una oración, o un ejercicio de canalización de energías, o nos imaginamos que nos protegemos creando mentalmente una cúpula de protección, o hacemos una cadena de sanación o de irradiación al planeta, o hacemos una imposición de manos a alguien, o deseamos algo con fe, o tomamos una decisión o emprendemos una acción, estamos accionando las leyes y principios universales.

Pero para accionar los nuevos paradigmas, para poder atraer en nuestra vida todo lo bueno y lo mejor, debemos hacerlo libres de esquemas, estructuras y formas. Podemos usar tal o cual forma o técnica pero no debemos ser prisioneros de la formas, y por ello debemos previamente descubrir nuestro potencial creador. Para descubrirlo debemos decretarlo, vibrar en ello. Para dirigir adecuadamente el verbo creador para decretar con convicción y así crear y atraer sobre nuestra vida todo lo mejor, previamente debemos emocionarnos, ponerle sentimiento y pasión a la vida; pero las emociones requieren una dirección y para ello debemos lograr previamente equilibrio y estabilidad, armonía en nuestra vida. Lo que nos dará estabilidad será la voluntad, y la voluntad con la que iniciaremos el camino dependerá del amor que le pongamos a nuestra búsqueda y a nuestras acciones.

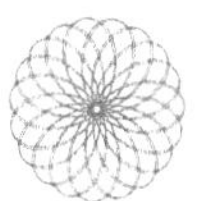

Capítulo VI.

El cuerpo astral

Cada vez que dormimos nos desdoblamos,
nos salimos de nuestro cuerpo
y vivimos experiencias en otros planos,
en otras dimensiones.
Muchas de estas experiencias son simbólicas,
otras precognitorias o premonitorias,
otras son recuerdos de esta u otras vidas
y otras son mera imaginación.

Los Guías Extraterrestres

El ser humano tiene, además de su cuerpo físico, otros seis vehículos sutiles. Uno de ellos es el cuerpo astral, vehículo de las emociones, los sentimientos y los deseos, y está unido al cuerpo físico a través de un cordón umbilical de energía que se conoce como el «cordón de plata», y que se quiebra cuando uno muere. Precisamente *La Biblia,* haciendo referencia a la muerte, dice: «Antes de que se rompa el cordón de plata». (*Eclesiastés 12,6*).

Durante el sueño siempre nos desdoblamos, desprendiéndonos del cuerpo físico y viviendo experiencias en la dimensión astral, aunque no siempre recordamos lo que hemos soñado. Hay mecanismo internos que regulan el recuerdo de los sueños.

Todos los sueños son viajes astrales, pero no todos los viajes astrales son sueños. Uno puede desdoblarse sin estar durmiendo, para lo cual bastará con una relajación profunda.

Si estamos en buenas condiciones de salud la experiencia astral consciente no supone ninguna dificultad. Para esta práctica se recomienda que estemos con el estómago libre de procesos de digestión; por ello es aconsejable realizar el ejercicio antes de ingerir alimentos o por lo menos dos horas después de haberlo hecho.

El viaje astral, como decíamos, es algo que de forma natural y espontánea realizamos todas las noches durante el sueño. El esfuerzo que debemos desplegar en este sentido es estar completamente conscientes y efectuarlo después de nuestras meditaciones, con el ejercicio de nuestra voluntad, que se habrá visto fortalecida por la disciplina interior que venimos asimilando con las prácticas anteriores: respiración, protección, relajación, concentración y meditación. Todo proceso de crecimiento interior apunta hacia el afloramiento natural de capacidades que son parte de nuestra naturaleza y que nos permitirán ampliar nuestra capacidad de amor en el servicio, porque descubriremos que vivimos en un Universo sin límites y que el único límite son nuestra ignorancia y nuestros miedos, a los que muchas veces nos aferramos.

El viaje astral consiste en ingresar en otra realidad, una realidad interna y manifestación de otro plano de experiencias, que está reservada para un mayor aprendizaje del ser humano.

Recordemos que antes de nacer estábamos en el mundo astral, durante el sueño volvemos al astral y al fallecer regresamos allí. Tendríamos que pensar entonces ¿cuál de los planos de existencia es más real? ¿En cuál pasamos más tiempo, en el astral o en el físico? Como la respuesta es evidente, tenemos entonces que reflexionar sobre por qué solemos olvidar aquel otro plano de vida que resulta más real que el físico. Y es que recordar los sueños es señal de avance y madurez, y parte del proceso de expansión de conciencia. Así como por las mañanas nos despertamos y luego nos levantamos de la cama, igualmente se requiere que despertemos conciencia a todo el universo de posibilidades que nos rodea. Debemos reaccionar y abrir los ojos a una realidad que no porque no terminemos de percibirla aún deja de existir, de manifestarse y actuar influyendo en nuestro mundo material.

Antes de iniciar la aventura del viaje astral consciente deberemos superar todos los temores. Nada malo puede pasar que nosotros no permitamos. El miedo es la puerta por la que llegan todas las amenazas y peligros. Y ese temor viene del hecho de que el viaje astral consciente reproduce los síntomas de la muerte, de tal manera que las mismas sensaciones que percibimos cuando nos morimos se repiten cuando uno se desdobla conscientemente; entre ellas dejar de sentir el cuerpo y abandonarlo. Y esto es porque durante el sueño uno deja de ser la persona que cree que es para pasar a ser la persona que realmente es.

Si uno sabe que está protegido –recordemos la existencia de esa barrera natural energética que nos rodea y se incrementa con la energía de la respiración, que es nuestra aura–, protegido está. Dejemos paso a la convicción y a la seguridad de que contamos con la protección de entidades superiores con las que nos unen lazos vibratorios, y entre quienes se encuentran los hermanos guías extraterrestres, así como otros seres que siendo espirituales nos librarán del acecho de entidades bajas astrales, que siempre existen y pululan en esos planos buscando introducirse en el cuerpo de los encarnados. Pero el peligro real es nuestra inseguridad, nuestro propio miedo.

TÉCNICA PARA EL VIAJE ASTRAL

Para el desdoblamiento se requiere, entre otras cosas, una posición cómoda, de preferencia acostados en la cama, o en el suelo sobre una mantra, o sentados sobre un sofá con un buen respaldo y grandes reposabrazos. Al cabo de una buena relajación iniciamos nuestro trabajo con miras a abandonar lentamente y paso a paso nuestro cuerpo físico por un período corto de tiempo, procurando antes que nada perder el temor de dejar de sentirlo.

El primer paso para lograr el desdoblamiento consiste en alcanzar con respiraciones lentas y profundas, una buena relajación, dejando de percibir nuestro cuerpo. Luego nos imaginamos que somos como una esfera de luz flotando en el interior del envase que es nuestro cuerpo, ubicándola exactamente en nuestro plexo solar. Nos imaginamos a continuación que esa esferita de luz sale flotando por encima de nuestra cabeza, como si la cabeza se estirara, de modo que podamos llegar a ver nuestro cuerpo desde cierta altura. Después de un tiempo prudencial volvemos, descendiendo sobre nuestra cabeza y situándonos nuevamente en el pecho, sintiéndonos siempre esa esfera brillante.

Hacemos un nuevo intento concentrándonos como para empezar a balancearnos como si fuéramos un péndulo, de tal manera que intentaremos salir por los lados del cuerpo o balanceándonos hacia delante y hacia atrás. Una vez fuera nos giraremos y procuraremos ver nuestro cuerpo físico tendido ahí donde se encuentra. Después de un rato volveremos de la misma manera, ingresando por donde salimos.

Otra forma de salir, siempre a partir del plexo solar, es sentirnos flotando dentro del cuerpo y girando a gran velocidad, de tal manera que la fuerza centrífuga termina por sacarnos de nuestro cuerpo. Quedaremos flotando por encima del cuerpo y bastará con invertir el giro –fuerza centrípeta– o concentrarnos en un dedo del pie o de la mano y sentirlo, para que caigamos en el cuerpo como una pluma al viento.

También podemos intentar deslizarnos por los pies o caer hacia atrás por la espalda como en una piscina. Y fuera del cuerpo nos giraremos siempre para vernos tal como somos y observar todo a nuestro alrededor para después poder hacer confirmaciones. Para volver, simplemente bastará desearlo.

Otra forma es tras la relajación imaginarnos que nos levantamos dejando nuestro cuerpo al lado. Recordamos entonces todos los detalles de la habitación y procuramos a continuación desplazarnos hacia la puerta más cercana, que abriremos; de allí, siempre con la imaginación, recorreremos toda la casa, o el lugar, abriendo y cerrando las puertas detrás nuestro. Procuraremos salir a la calle observándolo todo. Luego regresaremos, volviendo sobre nuestros pasos, hasta encontrarnos con nuestro cuerpo, en el cual ingresaremos lentamente. Al haber completado ese reconocimiento mental del lugar habremos adquirido la adecuada concentración y orientación como para intentar el desdoblamiento en serio y sintiéndolo realmente, y a la vez haciéndonos sentir.

La recomendación es que tenemos que focalizar nuestra atención en el proceso de desprendernos y no preocuparnos de sentir el cuerpo en el proceso de abandonarlo, o esto nos atraerá velozmente hacia él.

Otro paso sería, en caso de que no nos acomoden demasiado los anteriores, que sin mover nuestro cuerpo tratemos de incorporarnos astralmente, como sentándonos y girando para ver nuestro rostro como si estuviésemos frente a un espejo; luego levantarnos parándonos y observando el cuerpo tendido en el suelo o sentado como lo hubiéramos dejado.

Cuando hayamos escogido elevarnos por encima de la cabeza, procuraremos mirar todo desde arriba, llegando a tocar el techo de la habitación y recordando allí que nuestro vehículo astral puede atravesarlo; por lo cual podremos flotar y salir al exterior, procurando fijarnos en algún hecho o circunstancia externa que después nos permita verificar la veracidad de la experiencia. Podremos por ejemplo ir a nuestras respectivas casas o a las de familiares y amigos, fijándonos en algo que posteriormente podamos cotejar.

Una vez que nos encontremos fuera de nosotros, y si ya superamos la sensación de temor, podremos avanzar fijándonos en todo cuanto hay a nuestro alrededor, volando o atravesando puertas y paredes, porque el astral no está sujeto a las leyes de la física material.

Siempre es bueno pedir al principio de la práctica una protección especial a los guías extraterrestres o maestros de luz; es muy probable que uno de ellos esté aguardando en el astral para orientarnos.

Las distancias que se cubren astralmente se dan a la velocidad del pensamiento, por lo que se pueden realizar fácilmente viajes a otros planetas sin necesidad de usar trajes espaciales; y hasta podremos conocer recónditos lugares de nuestro planeta atravesando muros, rocas e incluso montañas completas. El retorno igualmente lo realizaremos con tranquilidad y sin apuro, procurando no olvidar los detalles de la experiencia; y bastará simplemente con desear volver, procurando concentrarnos en alguna parte de nuestro cuerpo para que vayamos entrando suavemente en él. Para poder viajar a otros mundos es necesario tener mucha vitalidad, y esto se consigue con respiraciones lentas y profundas, así como una alimentación natural y una vida sana.

La práctica del viaje astral se dirige como una relajación normal y cuando llegamos al momento en que ha de iniciarse la salida, hemos de sugerir que el proceso de desprendimiento empiece sin temor y con confianza. Proponemos entonces los diversos sistemas que ahora ya conocemos, dando un margen de unos quince a veinte minutos antes de iniciar el retorno, el cual se dirige como cuando se vuelve de una meditación profunda.

LOS SUEÑOS

Como dijimos, todos los sueños son viajes astrales, pero no todos los viajes astrales son sueños, ya que pueden realizarse sin necesidad de estar dormidos, por ejemplo, a través de los pasos de la meditación. Recordar los sueños es síntoma de avance en el despertar de la conciencia, aunque no en todos los casos, y lo más importante es la capacidad de interpretación de los mismos. Los sueños vienen a ser mensajes que afloran del subconsciente o del inconsciente, tratándonos de enseñar, recordar o advertir algo; es una forma que tiene el maestro interno, el ser real, de comunicarse con nosotros a través del lenguaje simbólico. Por ello podemos distinguir varias clases de sueños, y entre ellos están:

a. **Sueños simbólicos:** contienen imágenes a ser interpretadas por muy extrañas y descabelladas que parezcan y a través de las cuales nuestro maestro interno está buscando dialogar con nosotros.

b. **Sueños precognitorios y premonitorios:** son generalmente avisos sobre eventos futuros que actúan como mecanismo de protección, o adelantos y señales para que sepamos que nuestra vida está siguiendo una programación, que en cualquier momento puede variar con el ejercicio de nuestra voluntad.

c. **Sueños experimentales:** suelen ser verdaderas experiencias en el astral donde recibimos instrucción y capacitación, o aparecemos nosotros dándola.

d. **Sueños recordatorios:** afloran imágenes de vidas pasadas o de momentos significativos de nuestra experiencia y existencia actual.

e. **Sueños de imaginación:** la mente se limpia de todas las impresiones, temores, angustias, ideas obsesivas y preocupaciones que la persona arrastra consigo.

Muchas veces los sueños aparecen mezclados, y un mismo sueño puede ser en parte real, simbólico, premonitorio, recuerdo de vidas pasadas y hasta imaginación. Durante la noche nosotros no tenemos un sueño sino varios, que se mezclan a la hora de despertarnos. Debemos aprender a separarlos e interpretarlos con el uso de la intuición, la imaginación y la inteligencia para reconocer qué es cada cosa. El principal problema que se nos presenta en los viajes astrales es el olvido instantáneo de los sueños, para lo cual se recomienda que debajo de la almohada o en una mesita al lado de la cama dejemos un cuaderno y un lápiz para anotar lo que recordemos en el momento. Y esto porque cuando abandonamos nuestro cuerpo en el sueño durante la noche lo hacemos como si fuera un vaso de agua turbia, de modo que al quedar en reposo todo lo turbio se asienta en el fondo. Después de la experiencia, de acuerdo a nuestra evolución, el reingreso al cuerpo puede llegar a ser más o menos aparatoso, por lo que el vaso se agita y la experiencia se confunde mezclándose con los afloramientos del subconsciente, haciéndonos olvidar lo vivido.

PRÁCTICA PARA RECORDAR LOS SUEÑOS

Lo primero que se recomienda para empezar a recordar los sueños es acostarse temprano. Una persona cansada, agotada y tensa, con déficit de descanso, difícilmente podrá recordar sus sueños; por ello se requiere compensar esos déficits durmiendo más temprano, dándonos tiempo para relajarnos en la cama y luego llegar a desarrollar el hábito de acostarse temprano para levantarse temprano; así estaremos en armonía con el sol y la luna, lo que nos devolverá la salud y la armonía interna.

Al acostarnos temprano tenemos tiempo para relajar el cuerpo y realizar una breve meditación, lo cual nos induce a viajar al mundo astral en una buena vibración y actitud mental.

Se aconseja acostarse horizontalmente en la cama sin almohada para empezar la programación. Pondremos entonces las yemas de los dedos de las manos sobre nuestro pecho debajo del esternón y ligeramente por encima del ombligo. Los brazos flexionados permanecen a los lados del cuerpo y los talones juntos o rozándose. Entonces tomaremos respiraciones muy profundas por la nariz y con el vientre, con la boca ligeramente cerrada, produciendo una respiración silenciosa que procure llenar al máximo la capacidad de los pulmones. Haremos cinco respiraciones utilizando el diafragma como si fuese un fuelle, realizando triángulos perfectos: inhalando lo más lentamente posible, reteniendo el mismo tiempo que inhalamos y exhalando el mismo tiempo que retuvimos. Mientras efectuemos este proceso, nos iremos repitiendo mentalmente frases como: «Voy a recordar mis sueños» (al inhalar). «Sabré que estoy soñando» (al retener). «Y seré guiado o asistido por seres de luz» (al exhalar).

Al término de las respiraciones profundas podremos emplear la almohada si queremos y nos acostaremos sobre el lado derecho en la llamada posición del león, esto es la pierna y el brazo derecho estirados, mientras que el brazo izquierdo y la pierna izquierda permanecen flexionados. El mentón se apoyará sobre el hombro. Esta posición facilita el desdoblamiento y la respiración, y no oprime el corazón. Se recomienda asumir esta postura después de haber realizado nuestras personales y acostumbradas evoluciones en la cama.

Una parte importante del proceso de recordar los sueños es el que, al despertarse por la mañana, no hay que abrir de inmediato los ojos, ni moverse siquiera, sino que por el contrario se debe permanecer quieto por un rato y con los ojos cerrados, haciendo de inmediato y allí mismo memoria de la experiencia astral. Esto lo hacemos así porque si nos moviéramos, agitando nuestros vehículos sutiles, confundiríamos la memoria astral con la consciente. También ocurre que si abrimos los ojos al despertar dirigimos la atención interna hacia lo externo y de inmediato perdemos la memoria astral, distrayéndonos y olvidando automáticamente lo vivido.

La memoria astral, al ingresar al consciente se hace muy frágil porque hay mecanismos llamados «velos astrales» que impiden los recuerdos y la conciencia astral para quien aún no está preparado.

Debemos pues, con los ojos cerrados y con un mínimo movimiento, que sería el que nos demandaría el estirar el brazo para alcanzar un cuaderno y un lápiz, disponernos para tomar nota de la experiencia astral que procuraremos recordar al detalle y en el momento. Al dejarla anotada podremos seguir durmiendo sin temor a olvidar, ya que al despertar lo escrito nos servirá como clave para activar la memoria.

Hay ocasiones en que uno sueña que sueña, y esto ocurre cuando uno recuerda un sueño dentro de otro. También hay casos en que uno se despierta y no puede mover el cuerpo, quedándose como paralizado. Esto ocurre cuando nos falla la puntería y nos despertamos antes de haber reingresado en el cuerpo y quedándonos por encima de él. En ese caso se recomienda concentrar la atención en alguna parte del cuerpo y tratar de sentirla para poder reingresar en él. No hay posibilidad alguna de que nos quedemos fuera.

A nivel astral es posible que uno llegue a relacionarse con espíritus afines a quienes jamás ha conocido físicamente y se establezca con ellos una conexión intensa, de modo que cuando llegue a encontrarse con esas personas en el plano físico sentirá conocerlas de siempre.

Las pesadillas son muchas veces experiencias en el bajo astral con entidades bajas. Llegamos a estas experiencias cuando estamos atravesando una etapa de mucha densidad vibracional en nuestra vida, no solo por una mala digestión.

A nivel astral uno puede llegar a tener contacto directo con los extraterrestres y hasta subir al interior de sus naves, como una forma de preparación para experiencias físicas posteriores.

El astral y sus niveles

Existen en el plano astral niveles, como son el bajo astral, el astral medio y el astral superior. El astral medio es a donde solemos ir cada vez que dormimos, aunque cuando uno se desdobla, ya sea consciente o inconscientemente, puede salirse astralmente al mundo físico o al mundo astral. En el mundo físico uno lo puede llegar a ver todo, pero difícilmente lo ven a uno o lo perciben. En el astral se puede volar o hasta atravesar paredes, porque no se está sujeto a las leyes de la física, e igualmente se puede viajar a otros mundos, y en ciertas condiciones hasta en el tiempo.

El astral superior es donde uno suele tener experiencias místicas y encuentros con los maestros y la divinidad. Por el contrario, en el bajo astral uno se encuentra con todas las entidades atrapadas en nuestro mundo y en los niveles más densos.

¿QUÉ PASA CON EL CUERPO ASTRAL CUANDO UNO SE MUERE?

Cuando morimos abandonamos el cuerpo físico. Y al cabo de tres días lo normal es que también mueran el cuerpo astral, el cuerpo de emociones y deseos, y también el mental inferior, que son el carácter y el temperamento.

Somos como un actor de una obra teatral, que terminada la obra se quita el maquillaje, deja atrás el vestuario y la escenografía, así como el guion, y sale a la calle como actor y ya no como personaje. Pero a veces ocurre que morimos y no queremos aceptar que hemos muerto, o es la familia la que no quiere aceptar que uno ha muerto, o de pronto uno muere en un accidente y ni siquiera se entera de que se ha muerto, o nuestro apego a nuestra familia o a nuestros bienes materiales nos hace que nos quedemos atrapados en lo que se conoce como bajo astral. Esto es porque aunque nuestro cuerpo físico muere, el astral y el mental inferior no mueren de inmediato sino que padecen una larga agonía, que puede durar días, semanas, meses o años, quedando retenidos en una dimensión fronteriza con el mundo físico. En esa frontera uno ve y escucha, pero difícilmente los demás lo escuchan o perciben, lo cual resulta traumático para quien está atrapado entre esos dos mundos.

Suele ser frecuente que en sueños nos encontremos con parientes o amistades que aún se encuentran en el bajo astral.

Podemos liberar a aquellos que están atrapados en el bajo astral intercediendo, orando y meditando por ellos, ayudándoles a que comprendan su situación y tomen conciencia de la misma.

En el bajo astral suelen estar los llamados «íncubos o súcubos», que son personas que han tenido una vida tan depravada y degenerada que cuando mueren no pueden trascender, y su densidad les hace mantener su cuerpo astral y mental inferior, de tal manera que si fueron hombres seguirán siéndolo en el bajo astral pero como «íncubos», y si fueron mujeres lo seguirán siendo pero como «súcubos». Y muchas de estas entidades son las culpables de los casos de posesión, incorporación y ataques, incluso sexuales, contra las personas que están vivas.

¿CÓMO SABEMOS QUE UN ALMA SE HA LIBERADO DEL BAJO ASTRAL?

Cuando soñamos con un familiar o amistad fallecida pero con una apariencia rejuvenecida, o la visualizamos cruzando una puerta, atravesando un túnel o un puente, o en una barca alejándose de la orilla, o del otro lado de una autopista o subiendo una escalera, esa alma se está liberando.

Capítulo VII.

Destino

Tenemos la sensación,
quizás solo subconscientemente,
de que cualquier forma de contacto con la muerte,
por muy indirecta que sea,
nos enfrenta con la perspectiva de la nuestra.

RAYMOND MOODY

En la vorágine de acontecimientos que se dan en nuestra vida y alrededor de ella, hay veces que percibimos sutilmente la existencia de un plan que lo tiene todo previsto. Sin embargo, en otras ocasiones pareciera que estuviéramos sometidos a las inclemencias de la casualidad; a la acción desordenada de fuerzas que juegan con nosotros como si fuéramos un humilde pedazo de madera arrastrado por las poderosas corrientes de un río caudaloso al que no podemos oponernos.

No obstante, si uno está atento a esa multitud de circunstancias y hechos sincrónicos que siguen ciertos patrones inteligentes ajenos a nuestra voluntad, ciertamente llega a percatarse de que hay un destino, una programación o acuerdo previo establecido antes de nacer por el que se nos comprometió o nos comprometimos voluntariamente a hacer tal o cual cosa en la vida material, a lograr tal o cual objetivo o meta. O por lo menos a intentarlo.

¿A QUÉ SE LE LLAMA KARMA?

Aquello a lo que se le llama karma en la Tierra no es otra cosa que el proceso de aprendizaje por el cual todas las personas están sujetas a un destino. No es sinónimo de castigo sino de aprendizaje.

Volviendo a ejemplos basados en el proceso cotidiano, imaginémonos un alumno de una universidad que debe llevar determinados cursos para estudiarlos y aprenderlos durante el semestre. Todo eso constituye, simbólicamente hablando, el destino de la presente encarnación. Pero a pesar de que sus procesos pretenden ser ordenadamente fijos, es fácil observar que no siempre se cumplen los plazos establecidos. Las variaciones pueden deberse a muchas circunstancias, a veces generadas por el individuo y otras ajenas a su voluntad, y pueden terminar antes o después de lo previsto, o simplemente no permitirle alcanzar sus metas.

La aprobación o no de cada materia constituye el karma. Lo no aprobado habrá que repetirlo hasta superarlo, mientras que lo ya aprendido lo encamina a uno hacia materias más complejas y profundas. De ninguna manera karma significa solo endeudamiento, sino repetir para corregir y aprender, en un juego de oportunidades para crecer en conciencia, muchas veces a través del sufrimiento.

¿QUIÉNES SE ENCARGAN DE IMPONERNOS EL PLAN DE APRENDIZAJE O KARMA?

Los «Señores del Karma» o «Guardianes del Destino» son entidades espirituales a cargo de programar parte de nuestro destino y con las que nosotros negociamos en función de nuestras deudas o necesidades de aprendizaje lo que va a ser cada encarnación. A mayor nivel de evolución, mayor capacidad de negociación.

¿Cuál es el propósito del programa kármico individual y colectivo?

Todo cuanto se le asigna al individuo o se permite que le ocurra está dispuesto para ayudarlo en su superación. Precisamente, dependiendo de cómo enfrente la vida y las dificultades, o de cómo haga uso de las facilidades que se le presenten, será su avance y crecimiento espiritual.

Como el tiempo realmente no existe y más bien está sujeto a formas mentales, dependiendo de la dimensión que se maneje y obedeciendo esto a estados vibratorios, los «Guardianes del Destino» generalmente toman como base para establecer el tiempo de vida de alguien el espacio de vida temporal necesario para que transcurran y se den las circunstancias adecuadas para que dicha persona pueda crear a su alrededor el ambiente propicio para conocerse a sí misma y superarse. Si la persona no se da ella misma esa oportunidad, y más bien la desaprovecha, tendrá que volver una y otra vez bajo circunstancias similares, pero quizás cada vez tenga menos tiempo para lograr lo mismo, o se le exija más en períodos más cortos.

¿De qué depende el valor de una vida?

El valor de una existencia no depende de la cantidad de años que se vivan, sino de la calidad y riqueza de dicha vida. La existencia es tanto más valiosa y trascendente cuanto más útil sea para los demás.

Todo en la vida es dual y depende de cómo uno lo enfrente para que se oriente hacia lo constructivo o lo destructivo. Todo en la vida es cuestión de actitud. Lo que para una persona pueden ser grandes trabas y limitaciones, para otra puede constituir un reto o una gran oportunidad para desarrollar sus capacidades.

Si bien es cierto que todo depende de la actitud frente a las cosas, no podemos negar algo que es un hecho en el Universo y es la existencia de leyes universales, y entre ellas la Ley de Causa y Efecto, que nos enseña que por cada acto, palabra o pensamiento positivo o negativo generamos una reacción alrededor nuestro que en su momento se manifestará como consecuencia. Esto es lo mismo que decir: «uno cosecha lo que siembra, tanto en esta como en las demás existencias». Por eso en las Escrituras Sagradas se nos dice: «Haz a otros lo que quisieras que hicieran contigo, y no hagas a otros lo que no quieras que te hagan a ti».

Volviendo a la analogía de la escuela, hay ocasiones en que en un curso coincidimos en la misma clase con determinados alumnos como compañeros o compañeras, y con tal o cual profesor. Eso no es producto de la casualidad. Se puede explicar de muchas formas, como por ejemplo: que ingresaron en la misma época a ese centro de estudios, o que comparten afinidad de intereses, o que están siguiendo la misma carrera para realizar lo mismo en la vida, etc. Así como el karma debe entenderse como un proceso de aprendizaje, también la enseñanza nos dice que no existe posibilidad de crecer internamente si no es a través de los demás.

Cada persona a nuestro alrededor, tanto si es más cercana o más lejana, es como un maestro para nosotros, tanto de lo bueno como de lo malo. Debemos estar atentos para extraer la mejor enseñanza de nuestras relaciones humanas.

Debemos estar abiertos a aprender de todo y de todos, pero sin que esto signifique dar oportunidad a los demás para que nos hagan daño. Nuestros parientes no están a nuestro alrededor para perjudicarnos o hacernos la vida imposible, sino para fortalecernos y a la vez para crecer juntos, superándonos cada día. Nadie está a nuestro lado para estorbarnos sino para que aprendamos a amarnos mutuamente.

Cuanto más tratemos de huir de ciertas responsabilidades más veces volveremos a ellas. Nada ha sido dejado al azar; por algo estamos donde estamos, en el lugar y con las personas con las que convivimos. Tratemos de aprovechar esa oportunidad descubriendo el porqué de todo ello y haciendo lo que se espera de nosotros. Porque nada es para siempre y cada situación es una oportunidad de crecimiento que no debe ser desaprovechada.

Y ¿qué ocurre por ejemplo con el karma planetario por la matanza indiscriminada de animales que está llevando a la extinción a muchos de ellos?

Hay especies animales a las que el egoísmo y la necedad han hecho desaparecer de la faz de la Tierra, pero ello no significa que se hayan extinguido para siempre, por cuanto muchas se encontrarían preservadas fuera de nuestro planeta, en naves extraterrestres, y serán repuestas en su momento, cuando el panorama de la Tierra sea otro y haya no solo una nueva faz, sino un solo corazón. Además, los adelantos en genética pronto podrán recuperar lo perdido si hay voluntad para ello.

Es cierto que mucha sangre ha sido volcada sobre el planeta y por ello seguirán ocurriendo muchas desgracias como guerras, catástrofes y accidentes que buscan compensar aquellas situaciones y también pretenden enseñarle a la humanidad las consecuencias de su desacertada actitud.

Todo está sujeto a un destino, a un plan de vida. Nada está dejado al azar. Pero, como dijimos, no es algo inamovible; por el contrario, puede ser modificado sobre la base de una fuerza de voluntad firme y una conciencia despierta.

Somos la consecuencia de nuestra vidas pasadas, sujetos a un largo proceso de aprendizaje y crecimiento evolutivo.

El destino es el programa de actividades existenciales previstas para el desarrollo y el avance evolutivo del ser. Existe para nuestro beneficio y no para perjuicio de nadie.

La intención del destino no es otra que la de hacer que todos tengan un mismo punto inicial de partida y puedan alcanzar la trascendencia en el futuro basándose en el esfuerzo individual y al ritmo que cada uno aplique.

Quienes, como señalamos, se encargan de establecerlo y hacerlo cumplir son los llamados «Guardianes del Destino» o «Señores del Karma». Ellos, igual que el director de un colegio, tienen elaborado un programa de cursos, como un sistema curricular y actividades a desarrollar según el grado escolar de cada cual.

Cuanto mayor sea nuestra edad evolutiva, que es lo mismo que decir mayor madurez y consciencia a lo largo de las distintas existencias, tanto mayor margen tendremos para escoger las condiciones de cada nuevo nacimiento y de lo que será cada existencia.

Pertenecemos a un universo material de siete dimensiones y, más allá, en una octava superior, como en la música, existe un universo paralelo que ya no es material sino mental, y los seres que proceden de allí ya no son extraterrestres sino ultraterrestres. Ellos son los padres creadores del universo material, y es de esa esfera de lo mental de la que proceden los «Señores del Destino», que están a cargo del proceso de avance y crecimiento de las conciencias.

¿Puede una persona de la Tierra reencarnar en otro planeta? Claro que sí. Cuando uno evoluciona más allá del nivel promedio evolutivo del planeta puede optar entre seguir en este mundo o reencarnar en planetas superiores, aunque no antes de haber hecho lo que teníamos que hacer aquí. Recordemos: «uno debe estar donde pueda cumplir su misión».

Y si nos ha tocado evolucionar en la Tierra debemos hallar ese propósito y cumplirlo.

¿Y un extraterrestre podría reencarnarse en la Tierra? La Tierra es un planeta de una categoría muy especial dentro de los mundos, y en este momento por condiciones muy particulares que la hacen encontrarse al final de un ciclo cósmico y al inicio de otro, su situación es como la de una escuela que al final del año escolar se prepara para dar la oportunidad a que todos sus alumnos, y muchos otros venidos de escuelas cercanas particulares, religiosas y estatales, puedan pasar el examen de fin de año, cada cual del grado que le corresponda. Nuestro mundo está entrando en un proceso de redimensionamiento, lo cual supone una elevación vibracional que le permitirá ingresar en un tránsito hacia la cuarta dimensión.

Por tanto, los que alcancen el nivel evolutivo adecuado para el proceso seguirán en la Tierra, pero ahora bajo condiciones distintas, o reencarnarán en planetas más evolucionados. Los que no logren el nivel requerido tendrán que encarnar en planetas como la Tierra, pero antes de la gran depuración, y deberán esperar un nuevo ciclo cósmico.

Como decíamos antes, el destino establece el período de duración del proceso por el cual el individuo puede realizar el aprendizaje relativo a la presente existencia. Esto no quiere decir que la persona no pueda morirse antes o después de esa fecha, porque el destino puede variar sobre la marcha. Por ejemplo: si al final de una vida de realizaciones personales al servicio de otros, como puede ser la propia familia, la persona no había acabado con la misión asignada pero estaba a punto de lograrlo, se le puede dar una ampliación del plazo u otorgarle una existencia bajo condiciones muy similares para culminar lo comenzado. En el primer caso, la persona viviría una experiencia de «vida después de la vida».

Con respecto a la cantidad de años que uno vivirá, esto es muy relativo porque bien sabemos que no importa la cantidad sino de la calidad de la vida para hacer más o mejores cosas por uno y por los demás, lo que puede extender o reducir el período de aprendizaje.

En cuanto al tiempo que uno se demora en encarnar entre una existencia y otra, este se mide más o menos por la misma cantidad de años que se vivieron, o sino hasta por un límite de doscientos años entre una vida y otra. Aunque en la actualidad, dada la sobrepoblación mundial y los requerimientos evolutivos planetarios, mucha gente se demora muy poco tiempo en retornar y vuelve a encarnar al año de haberse ido.

Un ejemplo: un joven se suicidó a los veinte años por una fuerte depresión pero, según su destino, iba a vivir cincuenta años. Ese era el tiempo asignado para que su vida incluyera ciertos viajes y experiencias de compartir con mucha gente, pero todo ello se frustró. Esa persona tendrá que aguardar los treinta años que le faltó vivir en una dimensión fronteriza con el mundo físico, que es el llamado «bajo astral». Y cuando vuelva a encarnar, vivirá solo los treinta años que tenía pendientes.

Eso explicaría por qué hay gente que muere al poco tiempo de haber nacido, o al año, o de forma súbita. Hay gente que se suicida lentamente a través del consumo de alcohol, drogas, tabaco o de todo tipo de sustancias estimulantes. Esa gente puede estar falleciendo un año, un mes o un día antes de la fecha prevista inicialmente, y ese sería el pendiente que tendría que vivir después, osea la diferencia restante. Pero a pesar de que el proceso de evolución es personal e intransferible, todo lo que les ocurre a las personas que están a nuestro alrededor nos afecta en mayor o menor medida a todos, porque el ser humano evoluciona interactuando con los demás. No hay evolución aislada. Y las cosas están dispuestas para que no solo evolucionemos en función de cómo enfrentamos las circunstancias que nos afectan directamente, sino también indirectamente a través de los más cercanos a nosotros.

CAPÍTULO VIII.

LA MUERTE NO EXISTE

Nacemos para vivir,
vivimos para aprender,
aprendemos para crecer,
crecemos para entender,
entendemos para amar
y amamos para morir a nosotros mismos...
Porque solo muriendo se renace.
Y es que la muerte realmente no existe,
solo es una metamorfosis.

ENSEÑANZAS RAMA

Un hermoso bebé robusto ha fallecido en su cuna. Se ahogó mientras dormía con su propio vómito. Una anciana fenece dulcemente en su casa a una edad avanzada con una sonrisa mientras sus parientes, agolpados a su alrededor, contemplan su último suspiro. Un joven regresa de su fiesta de graduación, que ha disfrutado enormemente al lado de sus compañeros, y la moto en la que viaja se sale de la carretera al evitar a un camión que irresponsablemente trataba de adelantar a otro en una curva. Su muerte, violenta y rápida, trunca un futuro de realizaciones. Mientras, en un hotel de alto nivel, un alto ejecutivo que se encontraba solo en la ciudad para un asunto de negocios sufre un infarto repentino que le deja sin vida después de breves minutos de desgarrador dolor en el pecho. Una joven adolescente expira tras una larga y penosa enfermedad que la había postrado en cama, consumiendo lentamente la mayor parte de su corta existencia. Un hombre deja una breve nota sobre su escritorio despidiéndose de la vida y toma entre sus manos un arma adquirida por razones de seguridad tiempo antes, apuntando hacia su boca, aprieta el gatillo y se suicida tras una demoledora quiebra financiera. Una hermosa joven mujer abandona el consultorio de su médico con una gran sonrisa; sabe que está esperando un bebé. Camina envuelta en sus pensamientos, que la trasladan en dirección a su esposo que la ama, y al que verá más tarde cuando llegue de la oficina, pero muere asesinada en un estacionamiento por una bala disparada por un delincuente.

En la vorágine de acontecimientos que se dan en nuestra vida y alrededor de ella hay veces que percibimos sutilmente la existencia de un plan que lo tiene todo previsto. Y, sin embargo, en otras ocasiones, más allá de sentirnos marionetas, pareciera que estuviéramos sometidos a las inclemencias de la casualidad y a un destino caótico producto de la acción desordenada de fuerzas que juegan con nosotros como si fuéramos un humilde pedazo de madera arrastrado por las poderosas corrientes de un río caudaloso contra el cual no podemos oponernos.

Ciertamente que hay un destino, una programación o acuerdo previo establecido antes de nacer, con el que se nos compromete o con el que nosotros mismos nos comprometimos voluntariamente a hacer tal o cual cosa en la vida material, a lograr tal o cual objetivo o meta, a pasar por tales o cuales pruebas de crecimiento, o por lo menos a intentarlo.

Todo cuanto se le asigna al individuo o se permite que le ocurra, aun lo más violento, está dispuesto para ayudarle en su superación. Precisamente dependiendo de cómo enfrente este la vida y las dificultades, o de cómo haga uso de las facilidades que se le presenten, serán su avance y crecimiento espiritual. En este sentido la muerte es sinónimo de cambio y metamorfosis en un universo dinámico de transformación continua. La muerte no existe realmente como el final último de la vida, porque es simplemente un paso más, un cambio de traje, una purificación e iniciación a estadios superiores.

El ser humano en la vida es como un actor en una obra teatral: una vez que finaliza la obra, el actor marca la distancia entre el personaje que le tocó vivenciar y su individualidad como persona.

No podemos identificarnos demasiado con el personaje porque es este meramente útil y transitorio. Y a un papel le siguen otro y otro. Y, siguiendo el otro ejemplo que ya hemos citado: la muerte es como el examen final del curso escolar. Si uno ha estudiado, no será nada complicado; el alumno tendrá a continuación unas buenas vacaciones y estará mejor preparado para el siguiente año. Pero si uno no estudió durante el periodo que le correspondía, suspenderá y tendrá que repetir curso.

Ante la pregunta ¿por qué hay que morir?, primero tendríamos que preguntarnos: ¿por qué y para qué vivimos? Y si todo es aprendizaje, ¿un aprendizaje de qué y hacia qué? ¿Por qué al concebirnos nuestros padres fuimos nosotros los que llegamos y no otros? ¿Por qué nacimos de ellos y no de otros? ¿Elegimos o fuimos elegidos? ¿Somos producto del azar o de un destino predeterminado? ¿Cuál es el propósito de la vida más allá de la supervivencia de la especie?

Buscando respuestas, tendríamos que hacer una inmersión en el archivo de la memoria universal, es decir, en el ADN y la energía, donde están todo el conocimiento y la sabiduría acumulados.

Por lo mismo que somos creados, tenemos la capacidad de crear. Si no se tuviese la oportunidad de llegar a conocer la esencia divina que hay dentro de uno mismo, no se podría llegar a conocer la fuente generadora de todo en la naturaleza, que es Dios, y por tanto sería un camino inútil sin regreso a casa. Por ello, hemos venido a conocer y a ser conocidos, que es lo mismo que decir que podemos y debemos recordar y reconectarnos con nuestra esencia.

Si uno no muriese, si no tuviéramos un plazo, no valoraríamos la oportunidad que nos concede la vida para llegar a darle su justo valor a las cosas y a los procesos. Todo tiene un sentido y un propósito, y también todo tiene un tiempo y un margen para ser realizado. Cada plazo, como cada vida, es una oportunidad de realizarlo de tal o cual manera, experimentando y perfeccionándose. Es un juego cósmico de alternativas donde vamos ensayando diversas formas para crecer internamente más y mejor. La vida es de por sí una aventura de crecimiento en conciencia y la muerte el plazo que tenemos.

¿Pero somos acaso el juguete de alguien? De ninguna manera, nadie está jugando con nosotros. Somos el producto de un acto de amor, no solo de nuestros padres, sino de la vida misma. Nadie quiere nuestro sufrimiento, ni hemos nacido para sufrir, sino para aprender y crecer en conciencia. Es cada uno el que tiene que aprender a jugar sin trampas, a recorrer la aventura de la vida sin atajos, disponiendo adecuadamente su propio juego, jugándolo y disfrutándolo.

Decidiendo sobre nuestra vida

¿Hemos tenido alguna participación en la decisión sobre nuestro nacimiento y sobre lo que será nuestra vida? El orden de la energía en el Universo apunta hacia la existencia y el perfeccionamiento por la experimentación continua a través de las formas. A mayor consciencia, mayor capacidad de injerencia en la organización de nuestra aventura de vida y muerte, de nacimiento y renacimiento. Al principio uno no tiene la capacidad ni la posibilidad de decidir, porque es como el niño que es enviado por sus padres al colegio. Lo envían considerando que es lo mejor para él, sin tan siquiera haberle consultado su parecer, por cuanto ellos saben que esa educación le permitirá algún día tener la capacidad de optar por sí mismo cómo enfrentar las siguientes etapas. Así, cuando este niño crece y llega a la adolescencia y a la juventud, se le debe ir dando un margen cada vez mayor para que pueda decidir por sí mismo sus siguientes pasos y su futuro.

Los «Señores del Karma» o «Guardianes del Destino», que son unas entidades espirituales que rigen los nacimientos y las encarnaciones, son los que asumen la condición de padres espirituales nuestros, dictaminando las circunstancias en las que vendremos a la vida, hasta que nuestro avance evolutivo nos permita negociar o decidir las condiciones de cada existencia.

A mayor avance evolutivo mayores serán nuestras posibilidades de intervenir en la programación de nuestras existencias.

Todos tenemos que pasar por todas las experiencias humanas, de tal manera que en una vida seremos hombres y en otra mujeres (porque el espíritu no tiene sexo); en alguna seremos pobres y en otras ricos; en alguna, estaremos sanos y en otra enfermos; y así viviremos todas las posibilidades para aprender a ser solidarios y compasivos unos con otros.

Una hora marcada para morir

Todos tenemos un destino, que es parte de la programación que ha sido dispuesta y que tiene previsto cuándo naces y cuándo te vas. Pero se puede modificar. Nada es inamovible. Todo puede variar dependiendo del nivel de conciencia que desarrolles y de cómo enfrentes la vida. El mejor ejemplo es el que citamos de un suicida que puede provocar su muerte antes de la fecha que estaba prevista, renunciando con ello a la oportunidad que le daba la vida de crecer y evolucionar en el plazo dispuesto. No estaba predicho que se suicidara. Esa fue su opción. Y lo más seguro es que lo hiciera y muriera mucho tiempo antes de la fecha que se había dispuesto para su partida. Otro ejemplo es una persona que está tratando de cambiar y ser cada día mejor, o alguien muy comprometido con el amor y el servicio a los demás, y que llega a morir. Pero en el momento del tránsito ve asomarse a través de un túnel de luz a un ser celestial o la imagen de un pariente que le inspira confianza. De pronto se le hace saber que se le va a prolongar el plazo, y entonces vuelve y vive unos años más por cuanto en las altas jerarquías se consideró que lo estaba haciendo bien. En ese mismo momento, la persona, clínicamente muerta, es increíblemente recuperada por los médicos, que ya la daban por perdida.

Por tanto podemos ver que no hay nada definitivo, de tal manera que sí existe libre albedrío para demorarnos más o menos en hacer lo que debemos hacer, para alargar el tiempo de permanencia o acortarlo, por lo que debemos entender que somos artífices del rumbo de nuestra existencia.

Pero, ¿a qué podría deberse el gran temor que se le tiene a la muerte? Todo se debe al olvido del que somos víctimas en el momento del nacimiento y por haber dejado de lado las leyes universales o no haber recibido información sobre las leyes que todo lo regulan. El recordar y mantener la consciencia es sinónimo de madurez de consciencia. Si recordáramos y mantuviéramos conscientes las leyes universales, entre ellas la de Causa-Efecto, comprenderíamos por qué es tan importante no descuidar nuestro proceso individual. Por ello es importante que nos esforcemos en profundizar en la meditación y el autoconocimiento, y tengamos presente que la muerte es una vieja amiga y conocida, y para nada nuestra enemiga, por cuanto es parte natural del proceso de la vida, de la que hemos aprendido mucho y muchas veces.

No hay nada que temer. Nada llega antes si uno no lo busca. Pero si nos comprometemos en darle sentido a la vida, nuestra labor no será desaprovechada por las jerarquías superiores y durará todo lo necesario para alcanzar su objetivo, que es nuestra realización progresiva y el beneficio de todos aquellos que están a nuestro alrededor.

¿Y POR QUÉ OLVIDAMOS NUESTRAS VIDAS PASADAS?

Porque no podemos vivir dos vidas a la vez. ¿Cómo podríamos desenvolvernos en esta sabiendo que en otra fuimos otra persona y tuvimos otras relaciones?

Como el tiempo realmente no existe y está más bien sujeto a formas mentales, dependemos de la dimensión de conciencia que vayamos obteniendo, producto de la mejor o peor respuesta que demos a los estímulos externos e internos para avanzar en las distintas existencias. Una mayor o menor vibración es interpretada por los «Guardianes del Destino» como base para establecer el tiempo de vida de alguien, el espacio de vida temporal necesario para que transcurran y se den las circunstancias adecuadas para que esa persona pueda crear a su alrededor el ambiente propicio para conocerse a sí misma y superarse. Si la persona no se da ella misma la oportunidad, y más bien la desaprovecha como dijimos antes, tendrá que volver una y otra vez bajo circunstancias similares, pero quizás cada vez tenga menos tiempo para lograr lo mismo, o se le exija más en períodos más cortos.

Ya hemos visto que el valor de una existencia no depende de la cantidad de años, sino de la calidad y riqueza, de la intensidad y trascendencia con la que se vive. La existencia es tanto más valiosa cuanto más útil sea para darnos cuenta del sentido de las cosas y poder ser de provecho para los demás.

Todo en la vida es dual y depende de cómo uno la enfrente para que se oriente hacia lo constructivo o lo destructivo. Todo en la vida es una cuestión de actitud. Lo que para una persona pueden ser grandes trabas y limitaciones, para otra puede constituir un reto o una gran oportunidad para desarrollar sus capacidades.

Cuanto más tratemos de huir de ciertas responsabilidades más veces volveremos a ellas. Nada ha sido dejado al azar, por algo estamos donde estamos, en el lugar y con las personas con las que convivimos y convenimos previamente. Tratemos de aprovechar esa oportunidad descubriendo el por qué de todo ello y haciendo lo que se espera de nosotros. Porque nada es para siempre, y cada situación es una oportunidad de crecimiento que no debe ser desaprovechada. No esperemos a perder a nadie para empezar a valorarlo o para valorar a todos los que están a nuestro alrededor.

Todo está sujeto, como dijimos, a un destino, a un plan de vida, pero como nada está dejado al azar ni es inamovible; debemos modificarlo sobre la base de una fuerza de voluntad firme y una conciencia despierta.

Somos la consecuencia de nuestra vidas pasadas. Nunca fuimos mejores de lo que somos ahora. Estamos sujetos a un largo proceso de aprendizaje y crecimiento evolutivo.

El destino es el programa de actividades existenciales previstas para el desarrollo y el avance evolutivo del ser. Existe para nuestro beneficio y no para perjuicio de nadie.

La intención del destino no es otra que la de hacer que todos tengan un mismo punto de partida y puedan alcanzar la trascendencia futura basándose en el esfuerzo individual y conforme al ritmo que cada uno aplique, así como del mejor aprovechamiento de los grados de interacción que se tengan con los demás.

Pero a pesar de que el proceso de evolución es personal e intransferible, siempre nos afectan los procesos individuales de los otros, así como el nuestro afecta a los demás, porque el ser humano evoluciona interactuando. No hay evolución aislada. Las cosas están dispuestas para que no solo evolucionemos en función de cómo enfrentemos las circunstancias que nos afectan directamente, sino también por las que nos afectan indirectamente a través de los más cercanos a nosotros.

Una parte fundamental del proceso evolutivo es cuando dejamos que el amor nos dirija a través de la solidaridad, la caridad y la compasión. Nuestra vida es tan breve y frágil que desde que nacemos ya empezamos a morir, y poco a poco los que están a nuestro alrededor enferman gravemente o se accidentan y hasta fallecen. Por ello es importante tener presente que cuando alguien querido fallece, no debemos permitir que fallezcan dos, esa persona y nosotros con nuestro dolor. No dejemos que lo mejor de nosotros muera con esa persona, sino que, por el contrario, que lo mejor de esa persona que ha trascendido viva con nosotros y en nosotros inspirándonos a seguir adelante. Que nuestra vida sea el mejor homenaje al recuerdo de quienes nos precedieron.

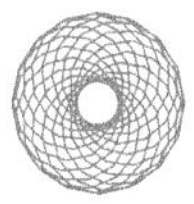

Capítulo IX.

La reencarnación

Pasando vio a un hombre ciego de nacimiento,
y sus discípulos le preguntaron:
Maestro, ¿quién pecó,
este o sus padres para que naciera ciego?

Evangelio de Juan, Cap 9,1

Alá nos envía muchas veces
hasta que regresemos a Él.

El Corán

Antes del tiempo que pasé en el seno de mi madre,
¿no habré estado en otras partes y sido otra persona?

San Agustín, *Libro Confesiones*

«Saber quiénes hemos sido para saber quiénes podemos ser». Reconocer que nuestras actuales condiciones obedecen a deudas o méritos de existencias pasadas es parte del proceso de autoconocimiento.

Los egipcios hacían alusión a la reencarnación 3.000 años antes de nuestra era con estas palabras: «Antes de nacer, el niño ha vivido ya y la muerte no termina en la nada. La vida es un devenir, que transcurre semejante a un día de sol que recomenzará».

Asimismo, Platón enseñaba la doctrina del renacimiento. Decía: «Para que en esas vidas las almas de los muertos desgasten sus malas acciones pasadas». Afirmaba que: «Las almas reencarnadas lo hacen en cuerpos que se asemejan a los que tuvieron en vidas anteriores, e igualmente en instinto y tendencias adquiridas por anteriores experiencias». Y en *Fedón* podemos leer: «El alma es más vieja que el cuerpo. Las almas renacen sin cesar del Hado para volver a la vida actual».

La escuela de Hermes sostenía que: «Las almas bajas y malas permanecen encadenadas a la Tierra por múltiples renacimientos, pero las almas virtuosas suben volando hacia las esferas superiores».

Los neoplatónicos afirmaban que: «Cada alma recibe el cuerpo que le conviene y que está en armonía con sus existencias anteriores».

Orígenes, discípulo de San Clemente, el más instruido de los padres cristianos, aceptaba la doctrina de la reencarnación –vidas sucesivas–, que era del conocimiento, y constituiría la creencia común de los primeros tres siglos del cristianismo, y por ello fue anatematizado en aquel famoso Segundo Concilio de Constantinopla. Decía él: «Cada alma recibe un cuerpo de acuerdo con sus merecimientos y sus acciones previas».

San Gregorio Nacianceno (328-389) decía: «Hay necesidad natural de que el alma sea curada y purificada, y de que si no lo es en esta vida lo sea en otras siguientes y futuras».

San Agustín, en su libro *Confesiones*, emplea esta frase: «Antes del tiempo que pasé en el seno de mi madre, ¿no habré estado en otra parte y sido otra persona?».

Krishna, hacia el año 3.000 antes de nuestra era según la cronología de los brahmanes, dijo: «Yo y vosotros hemos tenido muchos nacimientos. Los míos no son conocidos sino por mí, pero vosotros no conocéis siquiera los vuestros». Y en diálogo con su discípulo Arjuna –véase *Bhagavad Gita*–

dice: «Así como el alma residente en el cuerpo material pasa por las etapas de la infancia, juventud, madurez y vejez, así a su debido tiempo pasa a otro cuerpo y en otras encarnaciones volverá a vivir y desempeñará una nueva misión en la Tierra».

Los Vedas, al igual que los cristianos, afirmaban la inmortalidad del alma y la vuelta de nuevo a la carne. Sostenían «que el alma es la parte inmortal del hombre; que las almas vienen hacia nosotros y regresan, y vuelven a venir; que todo nacimiento, feliz o desdichado, es consecuencia de las obras practicadas en las vidas anteriores».

Y según *El Corán*: «Alá nos envía muchas veces hasta que regresemos a Él».

También Ovidio cantaba: «Las almas van y vienen. Cuando vuelven a la Tierra, dan vida y luz a nuevas formas». Y Virgilio, en *La Eneida*, asegura que el alma, al hundirse en la carne, pierde el recuerdo de sus vidas pasadas.

Los cabalistas, así como los exégetas judíos, se ocuparon intensamente de la reencarnación; basta leer *Trasmigración del alma*, del rabí Isaac Luria. Los hebreos creían firmemente en la reencarnación, tal como se puede ver con la comisión enviada por el clero judaico del Sanedrín a Juan el Bautista al preguntarle si él era el Mesías o Elías (Juan 1,19-22). Posteriormente será el mismo Jesucristo quien lo confirme diciendo: «Y si queréis oírlo, él es Elías, que había de venir». (Mateo 11, 14-15).

En el siglo IV-V, San Jerónimo, secretario del papa Dámaso I y autor de *La Vulgata* –*La Biblia* traducida al latín–, en su controversia con Vigilantus, el Galés, reconocería que el renacimiento de las almas era la creencia de la mayoría de cristianos de su tiempo. La condena de los puntos de vista de Orígenes y las teorías gnósticas en el Segundo Concilio de Constantinopla (año 553), a instancias del emperador Justiniano I y el papa Virgilio, quien promulgó una ley en la que declaraba que: «todo aquel que sostenga la mística idea de la preexistencia del alma y la maravillosa opinión de su regreso será anatematizado», supuso la anatematización o maldición de la reencarnación, que en aquellos tiempos significaba la persecución. Por eso, a pesar de haber sido una creencia sostenida por los primeros cristianos, la creencia en la reencarnación fue cayendo en el olvido en las siguientes generaciones.

Y en lugar de esta concepción clara del destino en la vida de los humanos, conciliadora de la justicia divina con las desigualdades y los sufrimientos humanos, surgieron un conjunto de dogmas que trajeron oscuridad al problema de la vida y alejaron al hombre de Dios. Sin embargo, la creencia en las vidas sucesivas reaparece en el mundo cristiano en diversas épocas.

Un caso evidente de reencarnación mencionado en *La Biblia*, en el *Libro de Reyes*, es el caso de Elías, profeta de Israel. Él fue arrebatado en un carro de fuego (un ovni) delante de un testigo presencial llamado Eliseo, su discípulo. Pero poco antes de que esto ocurriera, Elías se enteró de que el rey Ajab, rey de Israel, se había olvidado del culto a Yahveh o Jehová, y estaba adorando al dios de su esposa fenicia, Jesabel. Cuatrocientos cincuenta sacerdotes del dios Baal comían en la mesa de Ajab. Por tanto, en un arranque de celo de amor a Dios, Elías retó a los sacerdotes de Baal a que ofrecieran un holocausto a su dios en el monte Carmel, que él haría lo propio delante del pueblo. Quien no pudiera demostrar que su dios era el verdadero, lo pagaría con la muerte. Los sacerdotes de Baal estuvieron durante horas cantando y danzando delante de su altar, pero su dios no se manifestó. Elías hizo lo propio y del cielo bajó un rayo de luz que consumió la ofrenda. Entonces tomó entre sus manos una espada y arengando al pueblo degolló a los sacerdotes y les cortó la cabeza.

El *Evangelio de Lucas* nos dice «que el ángel se le apareció a Zacarías, el esposo de Isabel, la prima de María y sacerdote del templo. Y le dijo que le iba a nacer un hijo, que vendría con el espíritu de Elías». No con la misma personalidad o carácter, porque eso muere con la persona, sino con su espíritu. Juan el Bautista era la reencarnación de Elías, y Elías tenía una deuda de sangre por haber matado a otros seres humanos cortándoles la cabeza. Y ¿cómo murió Juan Bautista?

Las versiones actuales del *Nuevo Testamento* explican que Jesús después de la transfiguración en el Monte Tabor se encontró con los tres apóstoles que le acompañaban y estos le preguntaron: «Señor, ¿pero no estaba dispuesto acaso que antes de que viniera el Mesías, tenía que regresar primero Elías?». A esto, Jesús les respondió: «En verdad os digo que Elías ya vino y no le reconocieron, sino que hasta le habéis matado. Así también harán ellos padecer al hijo del hombre». Entonces, entendieron los discípulos que les había hablado de Juan el Bautista. (Mateo 17,10-13)

El *Evangelio de San Juan* (Cap.9, 1-3) dice: «Pasando vio un hombre ciego de nacimiento y sus discípulos le preguntaron: 'Maestro, ¿quién pecó, este o sus padres para que naciera ciego?'. Respondió Jesús: 'Ni pecó este ni sus padres, sino para que se manifiesten en él las obras de Dios'».

¿Cómo podían preguntarle a Jesús si ese hombre que era ciego de nacimiento lo era porque él o sus padres habían pecado? ¿En qué quedamos? Si no existen vidas anteriores, ¿cuándo había pecado? Pero no siempre las situaciones de la vida son consecuencia de desaciertos o deudas pendientes de nuestras vidas anteriores. Ciertas situaciones muy duras pueden formar parte del proceso de aprendizaje y no necesariamente ser un castigo.

Si dos personas no nacen en igualdad de condiciones, ¿cómo podríamos hablar de justicia y equidad divina? Uno nace hombre y otro mujer, y no hay aún igualdad de condiciones para ambos; uno nace pobre y otro rico; uno sano y otro enfermo; uno con todas las oportunidades en la vida y otro sin ninguna; uno tuvo una larga vida y el otro nada más nacer se murió o no nació; uno tuvo una hermosa familia y el otro o no la tuvo o mejor que ni la hubiera tenido. Todo esto se explica desde la aceptación de la existencia de la reencarnación como la oportunidad para aprender a ser solidarios unos con otros.

La Ley de Causa-Efecto aplicada al tema de la reencarnación nos muestra un orden y un sentido en la vida, así como justicia y equidad divina, a la vez que la oportunidad para manifestar entre todos el amor incondicional.

La reencarnación o encarnación sucesiva de los seres es una ley natural y cósmica. Sin ella las actuales desigualdades humanas, físicas, intelectuales y morales no tendrían una explicación lógica. Así, hasta los fenómenos dolorosos serían reajustes del orden violado, como rescate de deudas contraídas en el pasado con la ley universal del amor o procesos de aprendizaje.

Analicemos por un momento a la luz de la razón cómo funcionan las cosas. La más elemental lógica nos hace ver que si Dios es infinitamente sabio y justo –y en ello concuerdan todas las religiones– tendría que proveer a todas las almas con las mismas cualidades intelectuales, morales y volitivas, y hacer nacer a todos en las mismas condiciones. Y si esto no ocurre en la práctica, ¿cómo explicarlo si tan solo se le diera a cada alma una vida para alcanzar la llamada bienaventuranza? No nacemos todos iguales y eso tiene una explicación lógica basada en las leyes universales.

¿Podemos entonces culpar a Dios, que es la máxima sabiduría cósmica y el eterno amor, de las desigualdades e incongruencias?

Además, si el alma es creada por Dios, al nacer tiene que ser pura, porque es inadmisible a la razón que Dios pueda crear algo impuro.

Inmortalidad del alma

Todo cuerpo recién fallecido contiene aún todas las sustancias orgánicas, pero le falta ya eso que llamamos vida, porque de ese cuerpo ha salido la energía consciente o el psiquismo que la animaba, al cual llamamos alma. Pero ese psiquismo no se desintegra, porque lo que no ha nacido con la vida material orgánica no muere con ella. Ese psiquismo, ese hálito de vida, el alma preexistente a la formación del cuerpo, es inmaterial e inmortal, y pasa a vivir en otra dimensión.

El alma, el psiquismo que anima a todo cuerpo humano, animal, vegetal, vive de modo individual en el hombre y de modo grupal en los reinos animal y vegetal.

La muerte destruye tan solo el cuerpo físico orgánico y da libertad al alma, que continua viviendo ligada por el amor a los que fueron sus afines, familiares o amigos en la vida física. Cuando las personas evolucionan en conciencia, llegan a desarrollar su facultad sensitiva y vibrar en el amor fraterno, pasando a ser los guías espirituales, ángeles tutelares más íntimos. Pero cuando son almas ruines y cargadas de odio o resentimiento, pueden causar mucho daño a quienes odian y llegan incluso a causar ciertos trastornos en torno a sus propios familiares.

En el espíritu, que es la conciencia, es donde residen las facultades intelectiva, volitiva, racional y creadora. Junto con el alma, donde se encuentra la facultad sensitiva, forman un todo espiritual que no muere jamás. Sigue progresando y viviendo en los mundos hasta llegar al grado de perfección que lo libere de las encarnaciones en los mundos físicos para continuar colaborando en la obra divina del progreso de la Creación.

La ciencia

«Y el Señor Dios me habló diciendo: antes de que fueses engendrado en el seno de tu madre te conocí» (Jeremías I, 4-5).

Según los trabajos de investigación del doctor J. B. Rhine en el laboratorio de Parapsicología de la Universidad de Duke (North Carolina, E.E.U.U.), ya se han colocado en el plano científico, de forma probada, los fenómenos de materialización de cuerpos fluídicos –psicosoma–, y así se ha probado la existencia del alma después de la muerte física.

En el siglo XX, un grupo de científicos soviéticos compuesto por biólogos, biofísicos y bioquímicos se reunieron cerca del centro espacial soviético de Kazakastán para estudiar un espectacular descubrimiento: la cámara Kírlian, del físico ruso Semyur Kírlian y su esposa Valentina. Consiste en una cámara de alta frecuencia que, traspasando la densidad del cuerpo físico cual rayos X, muestra el doble inmaterial de una persona. Y llega hasta a mostrar la energía de un brazo cortado o de una pierna en personas a quienes esos miembros les habían sido amputados. Con equipos ópticos combinados con la cámara de los Kirlian, los referidos científicos llegaron a obtener la visión y la fotografía –efluviografia– del psicosoma y del aura que emana de personas, animales y vegetales; visión que hasta ese momento estaba reservada a algunos con capacidad clarividente.

Para los científicos soviéticos no fue tan solo la confirmación de la veracidad del fenómeno, sino también la confirmación de que el ser humano, los animales y las plantas tienen, además del cuerpo físico orgánico, un cuerpo de energía que denominaron «cuerpo de plasma biológico» o «cuerpo bioplasmático»; y que los cuerpos emiten efluvios o emanaciones en colores según el estado psicomagnético del sujeto, emanaciones que cesan al producirse la muerte del sujeto, humano, animal o vegetal, conforme a los experimentos realizados.

Ejercicios para recordar vidas pasadas

Para despertar el conocimiento lúcido y consciente de las vidas anteriores es aconsejable realizar el siguiente ejercicio:

Sentados en posición cómoda frente a un espejo, relajar el cuerpo y la mente; luego, con los ojos abiertos, concentrar toda nuestra atención a la altura del entrecejo en la imagen reflejada. No deberemos perder en ningún momento la concentración y la capacidad de observación. Será entonces cuando ciertas imágenes y rasgos particulares comenzarán a adquirir forma y a manifestarse en nuestro rostro, el cual aparecerá distorsionado y cambiante hasta que las imágenes se vayan definiendo. En ese momento debemos proyectarnos mentalmente como si pudiéramos ingresar a través del entrecejo, y procuramos fijar las imágenes, en el tiempo y en entorno en que se dieron.

Seguidamente nos acostaremos en el suelo boca arriba, con los brazos a los lados del cuerpo, los talones juntos, y cerrando los ojos realizamos una relajación aún más profunda, y cuando esta ya haya sido alcanzada, nos concentramos en hacer una práctica de retroceso reencarnativo que empezará con la visualización de un túnel mental en nuestro entrecejo, para luego ingresar en él como si navegáramos, pero girando en una espiral en el sentido inverso a las manecillas del reloj. Sobre todo hay que empezar por utilizar nuestra memoria sobre los hechos más cercanos a los actuales, volviendo sobre las imágenes del día de hoy, del día de ayer; los recuerdos de hace una semana, de hace dos semanas, un mes, hace seis meses, hace un año, hace dos años, hace cinco, hace diez, hace veinte años, hasta llegar a cuando éramos adolescentes, cuando éramos niños, cuando acabábamos de nacer, del momento mismo del nacimiento, un mes antes de nacer, seis meses antes de nacer... Hasta llegar a aquel momento en que ya no hay recuerdos de la presente encarnación, ni siquiera en el subconsciente.

Y seguiremos proyectándonos a través del túnel mental, de tal manera que llegaremos a ese momento en que negociamos con unas entidades espirituales lo que sería nuestra presente encarnación.

De pronto visualizamos que estamos delante de una suerte de jurado de seres de luz que nos impactan por su presencia llena de sabiduría. Se encuentran sentados delante de una mesa larga y nos invitan a acercarnos, y sobre la mesa hay un libro grande y antiguo. Nos fijamos el color de la carátula del libro. Nos fijamos también que dentro del libro hay un separador, que es una cinta de un color. Verificamos el color de la cinta, y al abrir el libro observamos el capítulo, la página y el título que estaba marcando. La página está escrita, semi escrita o en blanco. Comprobamos eso bien.

Una de las personas de esta suerte de jurado nos acerca una pluma con tinta en la punta para que escribamos algo en esa página, algo como lo que quisiéramos que ocurriese o que aprendiésemos en nuestra vida.

Mantenemos todos respiraciones lentas y profundas.

¿Qué sentimos, qué recordamos?

Seguimos hacia atrás, veinte años antes de nacer en la presente encarnación. ¿Dónde estábamos, qué sentíamos? Cincuenta años antes de nacer, cien, doscientos años... Las imágenes se van sucediendo, los recuerdos también. ¿Dónde estamos? ¿Quiénes somos?

¿Cuándo y dónde conocimos antes, en otras existencias, a nuestros actuales familiares? Seguimos girando a través del túnel mental a través de la luz: quinientos años, mil años, dos mil, cinco mil, diez mil años y más... Vamos llegando al momento mismo en que nuestra esencia se condensó desde el estanque cósmico. Vamos llegando a ese momento en que hubo una explosión de luz y sonido que acompañó nuestra creación como seres individualizados. Estamos atentos al sonido, porque es en parte nuestro «nombre cósmico», nuestra clave vibratoria personal, que será complementada más adelante a lo largo del crecimiento en nuestras diferentes existencias. Nos quedamos en silencio concentrados en las imágenes y sensaciones por unos minutos.

Poco a poco iremos volviendo... Iremos retornando a través del túnel mental, desde hace diez mil años o más. Volveremos a través de los recuerdos positivos y constructivos. Cinco mil años, dos mil años. ¿Dónde estamos? ¿Quiénes somos? ¿Con quién nos relacionamos? Observamos detalles que nos puedan servir de puntos de referencia, lugares, costumbres, paisajes, etc.

Seguimos volviendo: mil años, quinientos, doscientos, cien años... Estamos cada vez más y más relajados, libres de toda tensión, y solo nos acompañarán los recuerdos constructivos y edificantes, y todo aquello que podamos sobrellevar y que nos permita conocernos, recordarnos y ubicarnos en el momento actual.

Vamos volviendo. Cincuenta años antes de nacer a esta encarnación, veinte, diez años. Llegaremos al momento de nuestra última muerte. De pronto sentiremos que no somos nada, que hemos dejado de ser.

Vamos girando a través del túnel mental, siguiendo el sentido horario, volviendo a través de la oscuridad localizando un punto de luz a la distancia.

De nuevo nos encontramos dentro del vientre materno; estamos a seis meses de nacer. ¿Qué sentimos? ¿Qué recordamos? Tres meses antes de nacer. Nos vamos acercando al momento de nuestro nacimiento.

Hemos nacido a esta última encarnación. Y vamos a ir volviendo a través de los recuerdos de nuestra infancia, de nuestra niñez, de nuestra adolescencia y juventud, hasta el momento presente. Estamos retornando poco a poco por el túnel mental al momento actual. Al terminar de contar tres abriremos lentamente los ojos y nos encontraremos completamente relajados, libres de toda tensión, en perfecta paz y armonía.

Con el número uno, que visualizamos en nuestra mente, vamos volviendo, vamos sintiendo nuestro cuerpo sano y armónico. Con el número dos vamos tomando conciencia del momento actual y del lugar donde nos encontramos. Con el número tres tomamos una respiración lenta y profunda, y al exhalar abrimos lentamente los ojos y nos encontramos en paz...

El simbolismo del ejercicio de los seres de luz es que ellos representan el concejo kármico y el libro es el libro de la vida o de nuestras existencias. El color de la carátula del libro marca el común denominador en nuestras distintas existencias, la cinta que separa los capítulos simbolizaría la actitud con la que debemos enfrentar la vida actual. El título y el número del capítulo definen la presenta existencia así como el número de la página. La pluma simboliza nuestra alma, y el color de la misma el estado actual de esta. Lo que nosotros escribimos en el libro es nuestro pedido o planteamiento.

Por ejemplo, si el libro era negro, el color negro es el color de los valores humanos, del ser prolífico que siempre estar dispuesto a dar más de lo que se nos pide o se espera de nosotros. Si la cinta era celeste, el color celeste es la palabra y la comunicación, así como la mejor relación con uno mismo y con los demás. Si el título del capítulo era «Reconciliación», es que esta vida supone para nosotros la oportunidad de ser mejores personas, dar lo mejor de nosotros a través del diálogo, y también la gran oportunidad de reconciliarnos con nosotros mismos y con la vida. Una pluma blanca simbolizaría un proceso de purificación.

Que el número de la página por ejemplo fuera 274 sumaria 13, y el trece es la muerte mística, es anteponer el bien común. Y supongamos que nosotros escribimos «felicidad», entonces nuestro proyecto sería aprovechar la presente existencia para lograr ese objetivo en nuestras vidas.

Capítulo X.

La montaña de Montserrat

En un lugar de Cataluña hay un macizo rocoso
de insólita apariencia y peculiar ubicación.
A la distancia asemeja como unas manos
con sus dedos orando al cielo.
Esta montaña aserrada o dentada tiene cuevas
y ha sido escenario de extraordinarios hallazgos
como el de la Virgen Negra con el niño,
llamada la «Morenita».
Las trovas medievales sitúan en ese lugar poblado de
hermitas y monjes el Monte de Salvación,
lugar donde fuera depositado el Santo Grial.

Estamos todos completamente relajados. Ningún ruido, ni siquiera la voz que estamos escuchando, interfiere el proceso de relajación, sino por el contrario: todo nos ayuda a relajarnos más y más. Mantenemos una respiración lenta y profunda por la nariz.

Y, aprovechando esta relajación muy profunda, concentramos nuestra atención en el entrecejo, en nuestra frente. Y vamos a proyectarnos a través de un túnel mental, de tal manera que al final del mismo visualizamos, nos imaginamos que nos encontramos delante de una montaña muy especial. Parece una sierra pues su superficie es aserrada, con muchas puntas, como si las rocas fueran dedos que salieran de la tierra y apuntaran al cielo. Vamos a localizar un sendero que sube la montaña. El suelo es de tierra roja, de una arcilla muy colorada. Empezamos nuestro caminar y en cuanto hemos avanzado un trecho, en el suelo nos encontramos una piedra o un cristal que nos llama la atención. Lo tomamos entre nuestras manos y nos fijamos bien qué forma tiene y su color, y nos lo llevamos con nosotros.

Más adelante, e igualmente por el camino, nos encontramos con un ramo de flores silvestres, que al parecer alguien dejó allí o que a alguien se le cayó. Lo tomamos entre las manos y nos fijamos bien en el color de las flores. Llevamos también las flores con nosotros. Seguimos nuestro andar, observando a izquierda y derecha bosques, peñas, roquedales y abismos; y en una curva del camino, de entre las piedras y matorrales sale un animal que se cruza delante nuestro y nos mira sin inmutarse, siguiendo su andar para luego desaparecer de nuestra vista. ¿Qué animal es? Al acercarnos a donde estaba vemos que en el suelo hay una pequeña escultura del mismo animal. Observamos de qué material está hecha la estatuilla y nos la llevamos con nosotros.

Cada vez estamos más alto. Las formaciones rocosas nos llaman la atención por ser paredes grisáceas que adquieren toda suerte de formas insólitas. De pronto, en el sendero aparece un nuevo objeto. Nos detenemos y nos agachamos para cogerlo y nos fijamos bien en qué es. ¿De qué se trata? Observamos bien su color, su forma, el material del que está hecho. Nos lo llevamos también con nosotros.

En el proceso de ascenso observamos colgando de la rama de un árbol una bolsa o alforja; nos acercamos a ella, la tomamos entre nuestras manos fijándonos bien en su color y material, y en si tiene algún detalle o diseño. Sentimos que esa bolsa fue dejada a propósito para nosotros, por lo que colocamos todo lo que hemos encontrado en el camino en su interior.

En una parte alta de la montaña comenzamos a divisar la presencia de unas rústicas ermitas, pequeñas casas de piedra de monjes. Al pasar cerca de una de ellas, sale de su interior un monje o una monja, que nos saluda y hace entrega de un rosario. Nos fijamos bien de qué material es este rosario, su color y diseño (nos fijamos si es un rosario católico, budista o musulmán). Se lo agradecemos y continuamos nuestra marcha hacia un monasterio situado en lo alto de la montaña, a donde llegamos después de un rato. Nos colocamos al pie de una escalera tallada en la piedra, y en cuanto cruzamos unos arcos de piedra, nos encontramos en una pequeña plazoleta al aire libre delante de la fachada de la catedral. El suelo está marcado con la rosa de los vientos. De pronto, en el interior del templo encontramos cantidad de lámparas y velas encendidas, esculturas y pinturas religiosas, así como un impresionante altar donde se encuentra la imagen de la Virgen Negra acompañada del niño. Avanzamos ingresando en el santuario justo cuando un coro de monjes y pequeños niños termina de cantar y se retira. Nosotros humildemente nos acercamos al pie de la mesa del altar y colocamos en el suelo nuestra bolsa llena con todo lo que hemos encontrado en el camino. Oramos, y de pronto uno de los niños del coro se acerca a nosotros y nos dice que todo lo que colocamos en la bolsa se ha fundido en un único objeto; incrédulos levantamos la bolsa y al cogerla nos damos cuenta de que dentro realmente solo hay un objeto, como si todos se hubiesen transformado en uno solo. Observamos qué es ese único objeto.

Vamos volviendo. Vamos dejando atrás el altar, la iglesia, la plazoleta, los arcos. Vamos volviendo a través del túnel mental, dejando detrás nuestro la montaña sagrada de Monserrat.

Al término de tres habremos vuelto, estaremos completamente conscientes, libres de toda tensión, en perfecta paz y armonía. Tomamos una inhalación lenta y profunda, inhalamos. Retenemos. Y al exhalar visualizamos en nuestra mente el número uno y nos encontramos volviendo a través del túnel mental, tomando conciencia poco a poco de nuestro cuerpo. Tomamos una segunda inhalación. Retenemos. Y al exhalar visualizamos en nuestra mente el número dos, de tal manera que vamos tomando conciencia del lugar donde nos encontramos. Tomamos una tercera inhalación, inhalamos. Retenemos. Y al exhalar visualizamos en nuestra mente el número tres. Abrimos lentamente los ojos y nos encontramos en paz.

Significado del ejercicio

La montaña representa el camino espiritual, la expansión y la elevación de la conciencia. El recorrerla por sus senderos simboliza la aventura del alma. Los objetos que uno ha ido encontrando simbolizan un mensaje para cada uno de nuestros siete cuerpos.

Los aspectos que debemos trabajar en nuestro cuerpo físico y en la vida material se encuentran representados en la piedra o el cristal que encontramos al principio. Su forma, color y tamaño son mensajes que debemos desentrañar.

Las flores simbolizan el mensaje para nuestro segundo vehículo, que es el astral, el cuerpo de las emociones y los deseos. El tipo de flor y su color son muy importantes; también si son de un solo color o de varios. Ello nos habla de cómo debemos enfocar el amor en nuestras vidas, hacia dónde orientarlo.

El animal simboliza el mensaje para nuestro tercer vehículo, que son el carácter y la personalidad. ¿Cómo debemos trabajar nuestro carácter o qué aspectos de la personalidad debemos potenciar? Se encuentran representados por el animal; por eso es importante definirlo bien. Y el color y el material de la estatuilla que encontramos a continuación complementan el mensaje.

El siguiente objeto que encontramos en el camino es un

mensaje para nuestro cuarto vehículo, «el mental superior»; simboliza qué debemos hacer o sobre qué aspecto debemos enfocarnos para desarrollar nuestro potencial psíquico.

Seguimos subiendo la montaña y nos encontramos con una bolsa o morral colgado de la rama de un árbol. Esta bolsa, su material, sus colores y detalles son el mensaje para nuestro quinto vehículo, «el alma». La bolsa simboliza nuestra misión en la vida. Dentro de ese morral colocamos todos los objetos que encontramos en el camino, lo que representa cómo se nutre nuestra alma de todas las experiencias de la vida.

En la parte alta de la montaña vemos salir de una ermita a un monje o una monja que nos regala un rosario. Ese es el mensaje para nuestro sexto vehículo, «el espíritu». Es importante ver si el monje es hombre o mujer, porque ahí hay un mensaje también; si es hombre hay que actuar de inmediato, mientras que si es mujer hay que sentir y meditar bien el mensaje para saber cómo y cuándo aplicarlo. El rosario que nos regaló el monje es un mensaje espiritual, por lo que es importante ver sus detalles, el material del que está hecho, su color y a qué religión corresponde. Cada religión representa aspectos determinados: el católico, la fe y el amor; el musulmán, la palabra y la acción; el budista, el desapego y la bondad.

Finalmente, el objeto que aparece en el interior de la bolsa y en el que se funden todos los demás es el mensaje para el séptimo cuerpo, «la esencia». Es, por así decirlo, el mensaje esencial final que engloba a todos los anteriores.

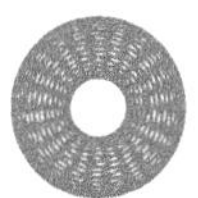

Capítulo XI.

El karma

Karma no es castigo, es aprendizaje.
Todo lo que no has aprendido o te falta corregir
vendrá a ti como experiencias de crecimiento
de las que tendrás que extraer la mejor enseñanza.
Si no tendrás tantas oportunidades como necesites
para dar el paso siguiente.

LOS GUÍAS EXTRATERRESTRES

Según las doctrinas orientales, somos enviados a la vida en un largo proceso de aprendizaje en donde cada situación, experiencia o persona con la que habremos de vincularnos nos aportará información y oportunidades de crecimiento en conciencia para ser cada vez más sabios y evolucionados. Nada está sujeto al azar, nada es porque sí. Antes de nacer negociamos nuestra vida en función de nuestro nivel de evolución. Parte de la negociación incluye determinar quiénes serán nuestros familiares, pareja, conocidos, amigos, etc. Esas personas que se relacionarán con nosotros o con las que nos involucraremos son como las materias de un curso escolar. Si lo que tal o cual persona tenía que enseñarte no lo aprendes o valoras, si lo que debías enseñarle a esa u otra persona no se lo enseñaste o lo hiciste inadecuadamente, tendréis que volveros a relacionar hasta hacerlo de manera correcta. Es un largo aprendizaje en el que no se pueden dejar saldos pendientes.

Como vimos, todo está sujeto a leyes universales y no siempre una sola ley explica una situación; a veces es una la ley y en otras ocasiones es otra; a veces los acontecimientos obedecen a la Ley de Correspondencia, a veces a la de Polaridad, a veces a la de Causa y Efecto, otras a la del Ritmo y en ocasiones a la de Generación.

Por ejemplo, una persona podría morir violentamente conforme a la Ley de Causa-Efecto por haber sido violenta con otros, mientras que otra que no tenía deudas de violencia y su vida fue un ejemplo de pacifismo, amor y entrega, muere violentamente o es asesinada en función de la Ley de Polaridad, esto es que «a toda fuerza se le opone otra de igual intensidad». Uno mide la importancia de lo que se hace en función de la oposición que se genera.

Muchas de las situaciones duras de la vida no necesariamente nos ocurren porque las merezcamos, sino que procuran el avance y fortalecimiento de nuestras convicciones para que transformemos nuestra vida en un acto de enseñanza que sea inspirador a otros, como lo hace el conocido cuento sufí «Buena suerte, mala suerte; todo es relativo, Dios dirá».

Dice el cuento:

«Había una vez un hombre que junto con su hijo tenía un caballo para arar el campo. Llegada la época de siembra el padre le ordena a su hijo traer el caballo y disponerlo para arar, pero el joven llega angustiado diciendo:

–¡Padre, el caballo ha desaparecido de la cuadra; al parecer se ha escapado o lo han robado!

El granjero y su hijo lo buscan por doquier y hasta avisan a los otros agricultores por si ellos lo han visto. Al no encontrarlo entre todos, los granjeros le dicen al hombre:

–¡Oye, qué mala suerte la tuya! Justo ahora que llegó la época de preparar el campo para la siembra y va y se te pierde el caballo.

Y él, reflexionando, les contesta:

–¡Buena suerte, mala suerte; todo es relativo, Dios dirá!

–Pero, ¡¿qué dices?! ¿No te das cuenta de la grave si-

tuación en la que te encuentras? Va a pasar la temporada de siembra y tú no habrás trabajado tu terreno –le dice la gente al agricultor censurando su serenidad.

–¡Sí, me doy cuenta, amigos! Pero los designios de Dios son tan extraños...

–¡No te entendemos; pareces muy ingenuo! ¡Nos vamos!

El granjero y su hijo siguieron buscando el caballo perdido, pero también se pusieron a intentar arar manualmente el campo, sin mucho éxito. Parecía que ese año iban a perder la cosecha, cuando al cabo de unos días de pronto apareció el caballo acompañado de otros veinte bellísimos caballos salvajes.

El granjero dio órdenes a su hijo para que abriera las cuadras y las cercas para que entraran todos los caballos, y él así lo hizo.

Esto atrajo la atención de los demás granjeros, quienes ya reunidos le comentaron, visiblemente sorprendidos:

–¡Oye, qué buena suerte la tuya! Parecía que lo ibas a perder todo y ahora con todos estos caballos salvajes te has convertido en el más rico de todos nosotros.

–¡Buena suerte, mala suerte; todo es relativo, Dios dirá! –contestó el granjero.

–¿Pero cómo puedes decir eso? ¡Eres un ingrato, con las bendiciones que Dios te ha dado! –lo retaron aquellos campesinos.

–¡No, yo agradezco a Dios, pero uno nunca sabe!

–¡No te entendemos!

Los granjeros se marcharon y el granjero y su hijo se pusieron manos a la obra para amansar a aquellos caballos; y cada vez que uno de esos ejemplares era domado, era vendido, lo que les producía un buen dinero. Pero uno de aquellos caballos era muy bronco y terminó por lanzar al hijo del granjero contra las cercas rompiéndole una pierna, por lo que se quedó cojo. Todos los campesinos se reunieron nuevamente en la granja y le dijeron:

–¡Oye, qué mala suerte la tuya! Mira lo que le han hecho esos caballos a tu hijo; le han dejado cojo.

–¡Buena suerte, mala suerte; todo es relativo, Dios dirá! –contestó el granjero.

–¿Pero es que acaso no entiendes lo terrible de lo que le ha acontecido a tu hijo? ¡El muchacho ha quedado malogrado para siempre!

–¡Sí, sé lo que le ha pasado a mi hijo, pero las cosas de Dios son difíciles de entender!

–¡La verdad es que no te entendemos!

Y dicho esto, los campesinos se marcharon. Tiempo después hubo una guerra y los generales acudieron al valle a reclutar a todos los hijos de los granjeros, pero al hijo de este no lo alistaron porque estaba cojo. Esto llevó a que los campesinos se volvieran a reunir en la granja para decirle:

–¡Oye, qué buena suerte la tuya! Gracias a que tu hijo está cojo no fue a la guerra, mientras que todos los nuestros fueron reclutados, y lo más seguro es que no vuelvan; mientras que al tuyo ahí lo tienes, aunque sea cojo.

–¿Recuerdan lo que les dije desde el principio? ¡Buena suerte, mala suerte; todo es relativo, Dios dirá!

Capítulo XII.

La negociación kármica

Antes de nacer estamos sujetos a una negociación
con unas entidades espirituales.
Son los Señores del Karma,
los Guardianes del Destino.
Con ellos acordamos lo que va a ser
nuestro próximo nacimiento.
A mayor evolución,
mayor capacidad de negociación.
A menor evolución
tendremos que aceptar lo que se nos impone
para nuestro aprendizaje.

Las Enseñanzas de Rama

Dispongámonos todos a realizar una meditación. Recordemos que meditar es estar a solas con uno mismo. Es no pensar. Es liberar la mente de todo pensamiento a través de respiraciones lentas y profundas que pretenden sumirnos en un estado intenso de relajación.

Tomemos asiento. Columna recta, talones juntos. Manos relajadas sobre nuestras piernas, las palmas de las manos hacia arriba una encima de la otra.

Tomamos tres respiraciones lentas y profundas por la nariz, inhalando, reteniendo y exhalando; lentamente, lo más lentamente posible. Vamos sintiendo oleadas de energía que van subiendo desde los pies a la cabeza, relajando nuestro cuerpo como si lo acariciáramos con las manos físicas.

Poco a poco vamos a dejar de sentir nuestro cuerpo

relajándolo completamente... Solo sentimos esta agradable sensación de paz y de armonía, que va masajeando nuestro cuerpo.

Seguimos relajando el cuerpo y liberándolo de tensión. Y esta relajación que vamos consiguiendo durará todo el tiempo que nosotros así lo permitamos.

En todo momento mantenemos una respiración lenta y profunda.

Ningún ruido, ni la voz que están escuchando, interferirá el proceso de relajación, sino que por el contrario todo nos ayudará a relajarnos más y más.

Aprovechando que estamos completamente relajados concentramos nuestra atención en el entrecejo. Visualizamos entonces un túnel mental y nos proyectamos a través de él de manera que al final del mismo nos imaginamos que estamos caminando por la orilla de una hermosa playa. Es un día soleado, luminoso.

Vamos avanzando por esa inmensa playa de arena blanca sintiendo cómo nuestros pies se hunden en la arena y dejamos nuestras huellas sobre ella. De vez en cuando nos detenemos y nos acostamos en la orilla, sintiendo el frío de la humedad y lo áspero de la arena. Las olas del mar avanzan hasta alcanzar nuestros pies, envolviéndolos, acariciándolos y masajeándolos de tal manera que al retroceder la ola sentimos cómo la arena va cediendo bajo el peso de nuestros pies.

Mantenemos una respiración lenta y profunda, y sentimos entonces cómo nuevamente las olas del mar avanzan hasta alcanzar nuestros pies y las piernas haciéndolas flotar, relajándolas. Sentimos todos un agradable masaje en los músculos, los huesos y las articulaciones. Y al retroceder la ola sentimos cómo nuestras piernas se hunden en la arena y se hacen uno con el suelo.

Las olas del mar van y vuelven, y al retornar con fuerza van cubriendo los pies y las piernas, así como la cintura, masajeando los huesos de la cadera, la columna vertebral, los músculos del pecho y la espalda, las manos, los brazos y los hombros. Sentiremos cómo se relajan los huesos, los músculos y también nuestros órganos internos. Y al retroceder la ola, la arena cede bajo el peso de nuestro cuerpo y nos vamos integrando con la playa.

Dejamos de sentir nuestro cuerpo; solo sentimos esta agradable sensación de paz y armonía que durará todo el tiempo que nosotros así lo dispongamos.

Nuevamente visualizamos las olas del mar que avanzan con fuerza llegando a cubrirnos las piernas, la cintura, la espalda, el pecho, los hombros, el cuello y la cabeza. Todo nuestro cuerpo va quedando completamente relajado, sintiendo que las olas del mar nos envuelven y arrastran haciéndonos flotar sobre sus aguas.

Aprovechando que estamos totalmente relajados, focalizamos nuestra atención nuevamente en el entrecejo, dejando que la imagen del océano desaparezca y nos proyectaremos a través del túnel mental desde el océano al espacio. Observaremos la infinidad de estrellas, y avanzaremos por este vórtice que nosotros mismos estamos generando, girando en sentido antihorario, de tal manera que van viniendo a nuestra mente las imágenes y las sensaciones de cuanto vivimos en el día de hoy desde que nos levantamos hasta este preciso momento.

Mantendremos una respiración lenta y profunda. Seguimos girando y vamos evocando las imágenes de cuanto vivimos el día de ayer; luego lo vivido hace dos días, hace una semana, hace dos semanas, hace un mes, hace seis meses, hace un año. ¿Dónde estábamos hace un año? ¿Qué hacíamos? ¿Qué sentíamos?

Seguimos girando y se van sucediendo las imágenes de hace dos años, cinco años atrás, diez años, veinte años... las imágenes de nuestra juventud, de nuestra adolescencia, de nuestra niñez, de la infancia. Vamos llegando al momento mismo de nuestro nacimiento. ¿Qué sentimos? ¿Qué recordamos de ese momento?

Nos proyectamos dos meses antes de nacer a esta última encarnación, seis meses antes. ¿Dónde estábamos? ¿Qué percibíamos?

Nos encontramos de pronto un año antes de nacer. Lentamente vamos recuperando la imagen del túnel mental y vamos proyectándonos hacia una luz al final del túnel. Se van sucediendo las imágenes.

¿Qué sentimos? ¿Dónde nos encontramos?

Mantenemos una respiración lenta y profunda. Nos quedamos en silencio por unos minutos.

De pronto nos encontramos a las puertas de una catedral de estilo gótico. Es de noche y el cielo luce estrellado. Entramos dentro del templo. Nos encontramos con un suelo de piedra, inmensas columnas a los lados, vitrales y rosetones multicolor en las inmensas paredes. Avanzamos por el interior de la catedral en dirección al altar mayor, mientras observamos que en el suelo hay grabado un inmenso laberinto.

Llegamos hasta el altar mayor después de haber cruzado la nave central del templo y terminamos situándonos al pie de un proscenio o parte más elevada por debajo del altar. En ese proscenio hay una mesa larga, y sentados detrás de ella siete personas mayores, ancianos o ancianas vestidos con túnicas de diferentes colores, que van desde el violeta al rojo. Se encuentran a modo de consejo observándonos. Delante de nosotros se sitúa un inmenso libro abierto sobre un atril o trípode. Uno de los ancianos se incorpora y nos indica que debemos colocar nuestras manos en el libro y leerlo, que allí encontraremos nuestro nombre, así como la descripción de nuestra misión para la presente encarnación. Revisamos el libro, nos fijamos en los detalles, leemos su contenido y percibimos que allí está dispuesto y diseñado el programa de nuestra vida. Es el plan de vida para esta encarnación. Sentimos entonces cómo será o deberá ser la presente encarnación. Allí están las indicaciones de cómo la debemos enfocar, en qué aspectos tenemos que profundizar, qué no debemos descuidar, por qué viviremos tal o cual experiencia, por qué habremos de relacionarnos con tal o cual persona.

Tomamos respiraciones lentas y profundas.

De tanto en cuanto los ancianos o ancianas se incorporan y descienden del proscenio; cada uno de ellos trae entre sus manos un objeto. Nos rodean en círculo; observamos lo que trae cada anciano o anciana dependiendo del color de su túnica; nos fijamos que uno de los objetos es una bolsa de tela o cuero. Tomamos nota de su color y material, y de pronto cada uno de ellos nos entrega un objeto diciéndonos que simboliza lo que debemos hacer en los distintos aspectos de la existencia. Nosotros guardamos en la bolsa los seis objetos.

Poco a poco nos vamos despidiendo respetuosamente. Cerramos el libro y nos retiramos para regresar por donde vinimos. Cruzamos de un extremo a otro el interior de la catedral y salimos por sus grandes puertas de madera con adornos de bronce y hierro llevando con nosotros la bolsa con los objetos.

Hemos dejado de girar en el sentido contrario a las agujas del reloj hasta detenernos completamente.

De inmediato retornamos por el túnel mental girando en el sentido horario y vamos volviendo hasta el momento mismo de nuestro nacimiento. Sentimos nuestro nacimiento y cómo se van sucediendo las imágenes y sensaciones de nuestra niñez, de nuestra adolescencia, de nuestra juventud.

Poco a poco vamos volviendo a través de los años de nuestra presente existencia al momento actual de nuestras vidas.

Vamos retornando a través del túnel mental girando en el sentido horario hasta que llegamos exactamente al momento presente. Todos vamos retornando, de tal manera que al término de tres habremos vuelto, estaremos completamente conscientes y relajados, libres de toda tensión y en perfecta paz y armonía.

Tomamos una respiración lenta y profunda, inhalamos. Retenemos y al exhalar por la nariz visualizamos en nuestra mente el número 1, y con él vamos volviendo de tal manera que sentimos nuestro cuerpo relajado y libre de tensión. Tomamos una segunda inhalación... retenemos... y al exhalar, con el número 2, que visualizamos en nuestra mente, poco a poco tomamos conciencia del lugar donde nos encontramos.

Por tercera vez inhalamos... retenemos... y exhalamos visualizando en nuestra mente el número 3, y abrimos lentamente los ojos y nos quedamos en perfecta paz y armonía.

Puedes oír esta meditación grabada por Sixto Paz descargándotela con ayuda de este código bidi:

Explicación del ejercicio

Si queremos saber el por qué de determinadas situaciones duras o difíciles que nos han tocado en la vida, qué gran oportunidad para mirar el registro de nuestros recuerdos y experiencias pasadas, pero, sobre todo, qué importante volver al momento de la negociación donde se nos dieron las instrucciones y el alcance de la presente existencia, donde nosotros negociamos y hasta aceptamos los procesos que viviríamos para nuestro propio crecimiento. La clave para realizar este ejercicio es primero lograr mediante respiraciones lentas y profundas una muy buena relajación y a continuación, con concentración y una proyección mental, programarse para recordar cuanto detalle se pueda captar.

La idea es proyectarse a través de un túnel espacio -tiempo generado por nosotros mismos que nos permita volver al momento de la negociación con los «Señores del Karma». Visualizamos esta negociación como una reunión mística dentro de una catedral, «la catedral del alma», donde podremos visualizar el momento de nuestro convenio con los «Señores del Karma» o los «Guardianes del Destino». Allí nos enfrentaremos con nuestro programa de vida y nuestra misión personal para la presente encarnación, cuyos detalles aparecerán literalmente o simbólicamente representados en *Libro de la Vida*.

Para entender la presente encarnación es importante que recordemos que esta es como un curso escolar con muchas materias que deberán ser aprendidas y entendidas, para luego ser aprobadas y superadas. Estas materias pueden ser pruebas, retos y hasta personas de las que tenemos que aprender o a las que debemos enseñar. Luego, con práctica –es conveniente repetir este ejercicio varias veces para dominarlo–, podremos estar atentos a cada uno de los detalles. Por ejemplo: respecto a los ancianos y ancianas, sus túnicas de colores las asociamos con cada uno de nuestros siete cuerpos, el rojo con el cuerpo físico y nuestra vida material; el naranja con el astral o cuerpo de emociones y sentimientos; el amarillo con el mental inferior, el carácter y la personalidad; el verde con el mental superior o el cuerpo de nuestras facultades psíquicas; el celeste con el alma; el azul con el espíritu o la conciencia, y el violeta con nuestra esencia divina. Y los objetos que nos traen o aportan estos ancianos representan mensajes, ayudas o pruebas que serán o han sido implementadas en cada uno de nuestros cuerpos; esto es, tareas o dificultades para ser superadas en la vida.

Por ejemplo: supongamos que una anciana de túnica roja (el cuerpo material y la Madre Tierra) nos entrega monedas de oro y plata o algo valioso; esto podría simbolizar que en la presente encarnación, la prueba será de abundancia económica, que deberemos saber administrar con sabiduría (oro) y con intuición (plata).

Imaginémonos que un anciano de túnica azul (la espiritualidad y la conciencia) nos entrega un espejo; esto podría simbolizar que debemos aprender a vernos a nosotros mismos tal como somos y vernos reflejados en lo que hacemos.

Una vez que terminamos de leer el libro y de recibir los objetos de los ancianos colocándolos en la bolsa que simboliza nuestra misión en general (es importante fijarse en el color o colores y hasta el material de la bolsa), se nos pedirá que detengamos el giro del tiempo y que invirtamos la dirección para que este sea la horaria, y volvamos al momento actual.

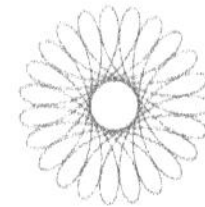

Capítulo XIII.

Ejercicio de retroceso reencarnativo

Somos el resultado de nuestras vidas anteriores;
nunca hemos sido mejores de lo que somos ahora.
Hemos pasado y debemos pasar
por todas las experiencias humanas
para crecer y madurar en conciencia.

Los Guías Extraterrestres

Este ejercicio lo podemos hacer acostados en el suelo o sentados, eso ya dependerá de nuestra comodidad. Si estamos acostados: talones juntos y brazos relajados ubicados sobre el suelo a los lados del cuerpo, colocando las palmas hacia arriba. Si escogemos estar sentados para este ejercicio, nos ponemos con la columna recta, talones juntos, las palmas de las manos relajadas sobre nuestras piernas puestas hacia arriba una encima de la otra, pulgares se tocan.

Vamos a tomar tres respiraciones lentas y profundas, por la nariz, inhalando, reteniendo y exhalando... Lentamente, lo más lentamente posible. Y vamos sintiendo todos, oleadas de energía que van subiendo desde los pies a la cabeza, relajando nuestro cuerpo como si lo acariciáramos con las manos físicas.

Vamos masajeando huesos, músculos, tendones y ligamentos, acariciando nuestros pies y las piernas, masajeando nuestros órganos internos, devolviéndoles su normal funcionamiento... Poco a poco vamos a dejar de sentir nuestro cuerpo, relajándolo completamente... Sólo sentiremos esta agradable sensación de paz y de armonía, que durará todo el tiempo que nosotros así lo permitamos.

Ningún ruido, ni aún la voz que están escuchando, interferirá el proceso de relajación sino que por el contrario, todo nos ayudará a relajarnos, más y más.

Aprovechando que estamos completamente relajados, vamos a concentrar nuestra atención en el entrecejo. Visualizamos entonces un túnel mental, y nos proyectamos a través de él.

Valiéndonos de que estamos totalmente relajados, mantendremos la atención en el entrecejo, dejando que la imagen del túnel mental nos proyecte por el océano del espacio. Observamos la infinidad de estrellas, y avanzaremos por este vórtice que nosotros mismos estamos generando, girando en sentido antihorario, de tal manera que van viniendo a nuestra mente las imágenes y las sensaciones de todo cuanto vivimos el día de hoy, desde que nos levantamos hasta este preciso momento.

Mantendremos todos la respiración lenta y profunda, mientras seguimos girando mentalmente, y vamos evocando las imágenes de cuanto vivimos el día de ayer, luego lo de hace dos días, lo de hace una semana; seguiremos con lo que vivimos hace dos semanas, hace un mes, hace seis meses, hace un año... ¿Dónde estábamos nosotros hace un año? ¿Qué sentíamos?...

Seguimos girando y se van sucediendo las imágenes de hace dos años, cinco años atrás, diez años, veinte años... Poco a poco se van sucediendo las imágenes de nuestra juventud, de nuestra adolescencia, de nuestra niñez y de la infancia... Vamos a ir llegando al momento mismo de nuestro nacimiento. ¿Qué sentimos?¿qué recordamos de aquel momento?

De un momento a otro nos sentimos dentro del vientre materno. Es una sensación de paz y seguridad.

Seguimos avanzando y nos proyectamos dos meses antes de nacer a ésta última encarnación, luego seis meses antes... ¿Dónde estábamos?

Ahora nos encontramos un año antes de nacer en ésta última encarnación... De un momento a otro recuperamos la imagen en nuestra mente del túnel mental y vamos proyectándonos hacia una luz al final del túnel. Se van sucediendo las imágenes... Seguimos girando proyectándonos cinco años antes de nacer, diez años, veinte años antes... De un momento a otro se van sucediendo las imágenes de nuestras vidas anteriores; se van descorriendo en nuestra mente sensaciones, recuerdos, vivencias diferentes.

Seguimos girando a través del túnel mental cincuenta años antes de nacer... Cien años antes... Doscientos años... Quinientos años... ¿Qué sentimos? ¿Dónde nos encontramos? ¿Dónde fue que conocimos a las personas que orbitan en la actualidad alrededor de nuestra presente existencia? ¿Cuál fue nuestra relación anterior con ellos? ¿Qué lazos anteriores nos unen?

Vamos girando a través del túnel mental, ¡mil años!... ¡dos mil años!... Seguiremos hasta cinco mil años y más; llegaremos a ¡diez mil años o veinte mil años atrás en el tiempo!... De tal manera que vamos a ir alcanzando el momento mismo del surgimiento de nuestra individualidad del «Estanque Cósmico», del «Alma Colectiva» del planeta. Todos percibiremos el momento mismo en que se produjo esa condensación del estanque cósmico, y escucharemos la vibración que acompañó la explosión de luz y sonido que nos individualizó. Todos vamos sintiendo y escuchando la vibración de nuestro nombre cósmico...

Mantenemos la respiración lenta y profunda, quedando en silencio por unos minutos...

Poco a poco vamos a ir deteniendo el giro del tiempo, y luego lo vamos a invertir, haciéndolo girar en sentido horario, de tal manera que vamos a ir retornando a través de los últimos veinte mil años o más, dejando que las imágenes se sucedan en nuestra mente de todo cuanto vivimos antes de la presente encarnación.

¿Dónde estábamos hace diez mil años? ¿quiénes éramos?... Recordaremos sólo aquello constructivo y positivo, aquello que estemos en capacidad de recordar, asumir y valorar sin que esto nos afecte negativamente.

Seguimos volviendo y avanzando a través de los últimos cinco mil años... ¿Cuándo fue que conocimos a quienes hoy son parte de la presente existencia? ¿Los conocimos antes? ¿Tenemos pendientes con ellos? ¿Qué relación mantuvimos antes?

Seguimos a través de los últimos dos mil años!... Van viniendo a nuestra mente las imágenes de los detalles que han envuelto nuestras existencias pasadas.

Sólo prestaremos atención a aquellas imágenes que nos ayuden a entender y a ubicarnos. Vamos volviendo a través de los últimos mil años... ¡Quinientos años!... ¡Doscientos años!... ¿Dónde estábamos? ¿Qué hacíamos? ¿Con quiénes compartíamos? ¡Fijémonos en los detalles del lugar, el ambiente y las personas!

Vamos retornando girando a través del túnel mental en el sentido de las manecillas del reloj a través de los últimos cien años... Llegaremos a cincuenta años antes de nacer en la presente encarnación... ¡Veinte años!... ¡Diez años antes de la presente existencia.

De inmediato vamos volviendo hasta el momento mismo de nuestra concepción, sintiéndonos nuevamente dentro del vientre materno... Seguiremos hasta el instante del nacimiento, lo sentimos... ¿Qué recordamos? ¿Qué sentimos?

Se van sucediendo delante nuestro las imágenes y sensaciones de la niñez... De nuestra adolescencia... De la juventud. Poco a poco vamos volviendo a través de los años de la presente existencia al momento actual de nuestras vidas.

Todos vamos retornando a través del túnel mental girando en el sentido horario, hasta que llegamos exactamente al momento presente. Vamos retornando, de tal manera que al término de tres habremos vuelto, estaremos completamente conscientes y relajados, libres de toda tensión en perfecta paz y armonía.

Tomamos todos una respiración lenta y profunda, inhalamos... retenemos... y al exhalar por la nariz visualizamos en nuestra mente el número uno, y con él vamos a ir volviendo de tal manera que sentimos nuestro cuerpo, relajado y libre de tensión. Tomamos una segunda inhalación, inhalamos... retenemos... y al exhalar, con el número dos que visualizamos en nuestra mente, poco a poco tomamos conciencia del lugar donde nos encontramos.

Por tercera vez inhalamos... retenemos... y al exhalar visualizamos en nuestra mente el número tres, y abrimos lentamente nuestros ojos, quedándonos todos en paz.

Si quieres oír el audio de la meditación grabada por Sixto Paz, puedes hacerlo descargándote este código bidi:

Explicación del ejercicio

Sabemos que nunca hemos sido mejores de lo que somos ahora, y que somos producto de nuestras vidas pasadas, por lo que el retroceso reencarnativo no será precisamente una experiencia muy feliz, pero sí esclarecedora de por qué nuestra vida actual es como es y cuál es el origen de nuestras relaciones y de los lazos con quienes nos rodean.

La clave para realizar este ejercicio es primero lograr una muy buena relajación y a continuación programarse para solo recordar aquello que estemos en capacidad de recordar, asumir y enfrentar, lo cual podría curarnos de muchas enfermedades físicas y espirituales, y darnos entendimiento y paz. Ciertamente muchas enfermedades o situaciones adversas de nuestras vidas son consecuencia de decisiones y actitudes equivocadas. La idea no es tanto resignarse, sino primero recordar, luego comprender y finalmente trasmutar y superarlo en nuestra mente y espíritu para que se manifieste en el cuerpo.

La idea es proyectarse a través de un túnel espacio-tiempo generado por nosotros mismos que nos permita volver a través de los siglos, a través de los recuerdos e imágenes de existencias pasadas. Es importante tratar de llegar al momento mismo de la condensación de nuestra individualidad miles o decenas de miles de años atrás para conocer o confirmar nuestro nombre cósmico o clave vibratoria personal. Una vez que lleguemos a este punto se nos pedirá que detengamos el giro del tiempo y más bien que lo invirtamos, para que este sea en el sentido horario, volviendo poco a poco al momento actual pero deteniéndonos antes del momento mismo de encarnar en nuestra última encarnación, para sentir la diferencia de personalidad con la presente existencia.

Una variante de este ejercicio sería volver a ese momento de nuestra vida actual o de vidas pasadas que fue terriblemente traumático para nosotros, y con el conocimiento y conciencia que tenemos ahora visualizar que dicho acontecimiento transcurre de forma distinta, que lo llegamos a alterar, a cambiar, y por ende todas las consecuencias que de él se desprendieron también variarán.

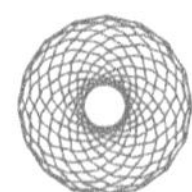

Nuestras pasiones descontroladas,
así como nuestros errores y apegos,
nos pueden llevar tras la muerte
a quedarnos atrapados
deambulando entre las dimensiones.

Los Guías Extraterrestres

Como señalamos páginas atrás, hay personas que han tenido una vida tan depravada y degenerada que al morir su propia densidad les lleva a quedar retenidas en una dimensión fronteriza con el mundo físico llamado «el bajo astral», y a mantener su cuerpo astral y su mental inferior, por lo que conservan su condición de hombres o de mujeres. Si fueron hombres se les llama «íncubos», y si fueron mujeres se les llama «súcubos».

Algunos de estos bajos astrales buscan hacerse de cuerpos humanos robándoselos a sus actuales dueños y pelean con ellos y por ellos; otros se contentan con robar energía y tener sexo con los que estamos vivos. Estas entidades no nos pueden hacer daño si nos fortalecemos espiritualmente a través de la oración y la meditación; más bien hasta podemos ayudarles a liberarse intercediendo, orando por ellos y enviándoles luz en las meditaciones.

Entiéndase esta liberación como ayudarles a que tengan la oportunidad de trascender para volver a encarnar en una nueva existencia donde poder corregir sus desaciertos.

Normalmente, cuando una persona fallece muere su cuerpo físico, pero tres días después muere su cuerpo astral, que es el cuerpo de las emociones y los deseos. También muere a los tres días el mental inferior, donde radican el carácter y la personalidad propias de la presente existencia. Entonces la persona pasa a la cuarta dimensión, donde hace un balance de lo que significó su vida y se prepara para la siguiente encarnación después de pasar por una especie de clínica de sanación, sanándose las emociones; luego por una especie de escuelita donde aprende el ideal de vida perfecta y la compara con su vida anterior, realizando allí como una tesis planteando lo que necesitaría para perfeccionarse. Y finalmente presenta su tesis a una especie de jurado o evaluación kármica sustentando su pedido, lo cual termina en la conocida negociación kármica.

Pero hay gente que muere y no quiere aceptar que murió, o muere en un accidente y no se enteró de que había muerto, o muere y son los familiares o los apegos los que no le permiten a uno marchar y cruzar el túnel de luz o el umbral entre las dimensiones, o las pasiones descontroladas lo mantienen sujeto a los planos densos. Cuando uno duerme, en las pesadillas –que son momentos de baja vibración que nos llevan a planos más densos como el bajo del astral– nos encontramos con esas personas atrapadas. Y ciertamente podemos interceder por ellas a través de la oración y de los pensamientos de amor y compasión.

Hay personas que quedan contenidas en la dimensión fronteriza con el mundo físico –bajo astral– por el simple hecho de estar poseídas por sus bienes materiales, esto es excesivamente apegadas; y si no es a sus bienes materiales, puede ser a su trabajo, a sus logros materiales, a la fama, a su apariencia y físico, etc. Otras quedan atrapadas al haber muerto accidentalmente o en un sueño sin haberse enterado siquiera de que murieron.

El hermano de Laura

Había terminado de dar una conferencia, que entre otros temas abarcó la vida y la muerte, cuando se me acercó una joven llamada Laura, que me pidió hablar en privado. Ante su insistencia me aparté de la gente que me seguía formulando preguntas y presté atención a esa joven como de unos 22 años que estaba visiblemente angustiada.

–¡Don Sixto, disculpe que le moleste pero mi hermano ha desaparecido! Se fue hace dos meses con un grupo de amigos a hacer el Camino Inca en el Cuzco para llegar a Macchu Picchu pero nunca llegó.

»Después del último campamento recogió su tienda de campaña, tomó sus cosas y se adelantó al grupo, de tal manera que cuando sus compañeros llegaron a Macchu Picchu no lo encontraron.

»La Interpol y la Policía de montaña lo han estado buscando pero ya han pasado dos meses y nadie ha dado con su paradero ni sabe nada de él.

»Sé que usted me puede ayudar. Seguro que por ese contacto tan especial que tiene con otras realidades nos podrá ayudar a encontrarlo.

–Querida amiga; si realmente crees que te puedo ayudar dame la dirección de tu casa, reúne a tu familia y veremos qué podemos hacer. ¿Te parece bien que os visite el viernes en la noche? ¿Podría llevar a un amigo?

–¡El viernes estaría muy bien, don Sixto! Y puede llevar a las personas que considere.

El viernes fui con un amigo con quien he trabajado la dermóptica, que es la videncia a través del tacto de objetos cargados de la energía de su dueño. Llegamos a casa de esta familia situada en un distrito de la ciudad de Lima y nos recibieron en una pequeña sala donde nos sentamos a conversar. La puerta que daba a la calle era de metal con vidrio.

Estábamos allí charlando cuando Laura nos presentó a su madre, a quien se le veía muy acongojada por la falta de su hijo y el desasosiego de no saber dónde estaba, si vivo o muerto.

Les pedí entonces si tenían a mano algo muy personal suyo o ropa que usara frecuentemente, como una camiseta o un suéter, y me lo trajeron. Yo y mi compañero tocamos los objetos acompañando ese ejercicio de concentración con respiraciones lentas y profundas, así como con una relajación profunda. Al cabo de los minutos las imágenes se sucedieron en nuestras mentes. Veíamos al joven desbarrancándose por el abismo y a unos campesinos encontrándolo. Pero temerosos ellos de que se les acusase de que habían intentado robarle, decidieron enterrarlo y ocultar el hecho.

Al decirles todo esto, la madre de Laura estalló en llanto.

–¡Sabía que había fallecido pero no lo quería aceptar! –dijo entre sollozos.

Laura se incorporó inmediatamente a consolar a su madre y de mala manera me reprochó diciéndome:

–¡Está haciendo sufrir a mi madre, don Sixto! Yo he soñado con mi hermano, que aparecía en el restaurante que tenemos. Le veía rejuvenecido y lleno de vitalidad diciéndome: «¡Allí donde estoy, estoy bien, no te preocupes por mí!». Por eso pienso que está vivo en alguna parte.

–¡Ciertamente allí donde está, está bien! Las que están mal son ustedes que no le dejan descansar en paz, Laura. Deben liberarlo aceptando que él ha partido.

Laura meditó un momento mis palabras y lo entendió, mientras descargaba muchas lágrimas abrazada a su madre. En ese momento ocurrió un hecho paranormal extraordinario del que fuimos testigos los cuatro. La puerta de la calle se abrió violentamente con un estampido sin que los cristales se rompieran y entró en la sala un viento frío helado que nos envolvió a todos, levantando en el aire algunos papeles, para luego salir y dejar un vacío que cerró violentamente la puerta de la calle delante nuestro.

En ese instante lo único que atiné a decir después de tragar saliva y tomar una profunda respiración fue:

–¡Bueno. Hemos sido testigos de cómo un espíritu se ha liberado!

La capacidad de intercesión

Como dijimos, podemos y debemos ayudar a liberar almas atrapadas en el bajo astral. Bastará simplemente con orar por ellas y enviarles mucha luz. Muchas veces la mediación es requerida directamente por el alma que se nos presenta en sueños o en apariciones haciéndonos entender que necesita nuestra ayuda, a veces para que hablemos con sus parientes y estos aprendan a desapegarse, o para que realicen alguna tarea específica que a esta entidad le suponga la liberación definitiva.

No olvidemos la importancia de hacer estas ayudas en grupo y envolviéndonos previamente en una cúpula de protección.

Existen personas más sensibles que otras que son buscadas por los desencarnados para solicitarles diversos tipos de ayuda, y hacerlo es un acto de amor.

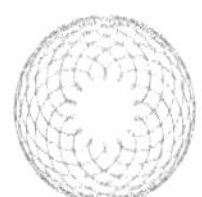

Capítulo XIV.

La clonación

El cuerpo sin alma no está ya en sacrificio,
el día de la muerte trasladado al nacimiento.
El espíritu divino hará feliz al alma,
contemplando al Verbo en su eternidad.

NOSTRADAMUS, *Centuria II, Cuarteta XIII*

El espíritu científico del ser humano no conoce límites y en su vehemencia investigativa muchas veces trasgrede leyes o pisotea valores sagrados generando así las condiciones para una respuesta violenta de la naturaleza, como ley de consecuencia.

Las cosas no son buenas o malas en sí mismas, sino que dependen de la intención con la que se hacen. Pero cuando la motivación es egoísta, sin importar el daño o perjuicio que se pueda ocasionar a otros, lo que estamos haciendo está contaminado y condenado a tener un mal desenlace.

La búsqueda de la inmortalidad es algo que ha apasionado al ser humano desde siempre; sino recordemos la infructuosa búsqueda de Ponce de León en Florida de la *Fuente de la eterna juventud*. Esta búsqueda obsesiva se ve reflejada en los grandes mitos cosmogónicos, en donde claramente se señala que el ser humano perdió una condición anterior de vida muy larga –no inmortal porque no conocía el *Libro de la Vida*– por querer saber más de la cuenta y antes de tiempo, lo que le hizo acreedor de la muerte y de una existencia efímera. ¿Pero estos mitos hacen realmente referencia a una inmortalidad física o de la conciencia? La muerte como final solo supone un cambio del traje físico, astral y mental inferior, la pérdida de la personalidad y un reencuentro con nuestro ser real. Para quienes viven en la inconciencia, la muerte es un estado del alma; pero tal como nos enseñan las Sagradas Escrituras, quien vive en el espíritu vive para siempre. Según esto, la inmortalidad tiene más bien un carácter de trascendencia, que supone darle sentido a nuestro existir a través del otro.

Hay quienes han vivido muchos años y su vida no ha tenido significado alguno, como si no hubiesen existido, mientras que otros han vivido poco y, sin embargo, han significado mucho para muchos. Esos son los verdaderos inmortales, porque ¿cómo sería la vida de alguien egoísta e intrascendente, aparte de vacía y hueca, si pudiera durar indefinidamente? A la larga sería un verdadero infierno, sin progreso ni avance. Un vacío eterno.

La clonación humana es la transferencia de una célula del cuerpo de un hombre al ovocito sin núcleo de una mujer para crear un embrión del que nacerá un bebé genéticamente idéntico a uno de los dos padres. Los defensores de la clonación terapéutica afirman que esta ayudaría a acabar con las enfermedades, aportaría los repuestos necesarios eliminando los rechazos, y haría que los varones estériles pudiesen tener hijos.

Recordemos que quienes están a cargo de la asignación de los espíritus para los nacimientos son esas entidades denominadas «Señores del Karma». En el caso de la clonación, ellos no intervienen. Porque cuando el espermatozoide fecunda al óvulo es cuando se produce la chispa eléctrica que permite la conexión con el alma y el espíritu. Al no seguir este proceso no habría asignación de alma y se estarían creando «cuerpos sin alma», una especie de caballos de Troya para bajos astrales atrapados en la frontera con lo físico. Si normalmente existen algunos casos de posesión, de personas que son atacadas con frecuencia –incluso niños– por entidades deseosas de ocupar sus cuerpos, imaginémonos qué podría pasar cuando se creen esos cascarones vacíos. Y más aún en una época como esta en la que hay un sinfín de entidades atrapadas deseosas de tomar un cuerpo como sea.

Uno de los problemas que han enfrentado los científicos en la clonación de animales, además de las malformaciones y los nacimientos prematuros, ha sido el envejecimiento precoz y acelerado, con el correspondiente mal funcionamiento de órganos vitales como el corazón. Y se espera que esto pueda repetirse en la clonación humana. Pero, ¿será que esto funciona así por usarse células de adultos que aunque estén sanas ya tienen la carga de información de la edad? Y es que la mayoría de las personas que estarían buscando la clonación son gente adulta a las que les aterroriza la muerte y quisieran perpetuarse indefinidamente.

¿Y QUÉ DICEN LOS EXTRATERRESTRES DE LA CLONACIÓN?

En mensajes que fueron recibidos psicográficamente a comienzos de los años 70, los seres extraterrestres dijeron que, si llegado el tiempo de los grandes cambios nuestros cuerpos estuvieran muy deteriorados o afectados, ellos nos podrían facilitarnos otros. ¿Qué es esto sino clonación? Entonces es que ellos ya lo tienen muy desarrollado, pero su motivación no es durar para siempre por cuanto ellos también mueren y aceptan el hecho de la muerte; tampoco sería la de lograr fama o lucrarse con ello, sino más bien facilitar el cumplimiento de una misión en buenas condiciones. Aunque habría que preguntarles los detalles sobre el proceso que ellos han generado y sus inconvenientes.

Es cierto que el fin no justifica los medios, pero la vida nos ha dado la inteligencia necesaria para alcanzar logros no imaginados antes, accediendo a ciertos procesos con mística y ética cuando se incursiona en terrenos escabrosos sin necesidad de hacer mal. ¿Hasta qué punto la propia naturaleza no nos usa para perfeccionar su creación?

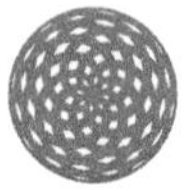

Capítulo XV.

El cielo de nuestros animales domésticos

Los animales tienen un alma colectiva,
el ser humano un alma individual.
En contacto con nosotros los animales
se hacen de aspectos de nuestra personalidad,
de tal manera que cuando mueren
ya no vuelven al alma colectiva de su especie,
sino que se quedan en la casa que los albergó,
cuidando a la familia como un hada protectora
hasta que llegue otro animal de la misma especie
en el que se incorporan transmigrando.

Los Guías Extraterrestres

Hasta hace unos años, los animales poseían un alma colectiva instintiva; claro, a excepción de los delfines y las ballenas, animales capaces de reconocerse en un espejo y con conciencia de sí mismos. Sí, en el reciente Fórum de la Asociación de Científicos para el Avance de la Ciencia realizado en el mes de febrero del año 2012 en Vancouver, Canadá, se llegó a la conclusión de que los delfines y las ballenas son «personas», «personas no humanas», por su inteligencia y conciencia, por lo que se elaboró la «declaración de los derechos de los cetáceos», por la cual se deben respetar sus derechos exactamente igual que los de los humanos.

Desde comienzos de los años 90 del siglo XX ha llegado con mayor intensidad que nunca una energía extraordinaria proveniente del centro de la galaxia, de una suerte de Sol Central –sol manásico–. Y está llegando a la Tierra con mucha fuerza; esa radiación afecta al Sol e incrementa las convulsiones cíclicas que padece el astro rey cada once años, intensificando la potencia de las tormentas solares y el tamaño de las manchas solares. Esto ha sido verificado por la sonda espacial Fermi en noviembre del año 2010, que logró fotografiar esas emanaciones y energías.

Esa energía de luz violeta es un poderoso factor de mutación que está acelerando la evolución de las especies. Podemos citar algunos casos, como por ejemplo que desde el año 2011 y durante todo el año 2012 diversas centrales nucleares han sido atacadas por enjambres de medusas o aguas vivas, seres gelatinosos del mar que se han inmolado y sacrificado introduciéndose en los filtros de las centrales nucleares que toman agua del mar para enfriar sus núcleos bloqueándolas, y así impedir que se sigan contaminando los océanos con agua contaminada.

Durante al año 2012, los investigadores se sorprendieron porque en Java y en Sumatra los orangutanes que aún viven en estado natural y salvaje ya no se limitan a dormir en las copas de los árboles para huir de sus depredadores; ahora construyen pequeñas casas ahí, como cuando un niño hace su casita en el árbol del patio.

También en el año 2012 se han visto casos de animales que quieren imitar los sonidos humanos para comunicarse con nosotros; tal es el caso de un delfín blanco de la variedad beluga en el Acuario de San Diego (EU), o de un elefante en Corea del Sur, que introducía su trompa en la boca para imitar sonidos humanos.

Son muchos los casos que se han detectado de comportamientos evolucionistas en los animales, que muestran niveles de conciencia y de asombrosa y conmovedora solidaridad con sus congéneres y con seres de otras especies, y en esos comportamientos y actuaciones se puede apreciar un genuino amor consciente.

La historia del pequeño Chester

Era un pequeño y menudo perrito de raza Yorkshire con un carácter muy peculiar. Sensible y nervioso, ladraba ante cualquier movimiento brusco, pero a la vez era dulce y cariñoso en extremo.

Sus dueños lo tenían desde poco después de que naciera y era el alma de la casa. Corría de un lado a otro, se subía a las piernas de sus dueños cuando estos descansaban en el sofá, queriendo lamerles la cara, y terminaba por dormirse entre sus piernas, cosa que no incomodaba por su pequeño tamaño.

Con el paso de los años una penosa enfermedad acabó con la vida de Chester y ello produjo un gran dolor en la familia, pues se le extrañaba mucho.

Durante las siguientes semanas y meses los miembros de la familia llegaron a tener experiencias extrañas. Le veían parado al lado del frigorífico de la cocina esperando su comida, o lo sentían entre las piernas cuando se ponían en el sofá. Fueron varias las experiencias de este tipo, incluso registradas por personas que visitaron la casa y a las que les pareció haber visto la figura o la sombra del pequeño Yorkshire.

Tiempo después, la familia recibió de regalo otro perro, pero esta vez de una raza más grande. Era un bello ejemplar de dálmata, de constitución fuerte, musculoso y elegante, con un cránco ancho y ojos vivaces, siempre alerta e inteligente, al cual bautizaron «Príncipe». El dálmata creció rápido y se hizo muy grande, y si bien vivía encariñado con sus amos, siempre mantenía una conducta independiente que rayaba con el desinterés.

Aún ante la presencia de Príncipe se podían sentir todavía las manifestaciones de Chester, aunque más aisladas, hasta que un día desaparecieron. No se le volvió a ver y de pronto Príncipe comenzó a adquirir las costumbres y actitudes de Chester, ladrando nerviosamente, corriendo de un lado a otro, subiéndose a las piernas de sus dueños en el sofá y queriendo besarlos con la lengua, lo que iba en contra de su propia naturaleza de dálmata.

¿Qué había pasado? Pues que se había producido una trasmigración. Durante el tiempo en que no hubo otro perro cerca, el alma y la energía de Chester se quedaron en la casa cuidando a la familia como un hada protectora, pero una vez que llegó otro ser de la misma especie, aunque no fuera de la misma raza, el perrito pequeño se incorporó al grande, de tal manera que ahora en la casa tenían integrados a un perro en el otro.

Y así ocurre frecuentemente, aunque a veces no nos percatamos o a la que no damos la debida importancia y trascendencia a este hecho. En contacto con nosotros los animales domésticos adquieren aspectos de nuestra personalidad; o les ayudamos a individualizarse, de tal manera que cuando mueren ya no vuelven al alma colectiva de su especie, sino que se quedan entre nosotros esperando la posibilidad de incorporarse a otro ser de su especie cercano a su familia. Las continuas incorporaciones podrían dar paso al nacimiento de un alma individual y consciente.

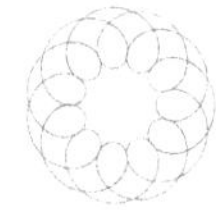

Epílogo.

La muerte como iniciación

En el momento de partir,
cuando la persona está a punto de morir
y de tomar su último aliento,
se abre ante ella
un túnel brillante con una luz inigualable
que la envuelve en una paz, tranquilidad y confianza
como nunca había sentido ,
quizás solo comparable
a la protección del vientre materno.
Dentro de esa luz
sale a nuestro encuentro alguien especial
que nos ayuda a dar el siguiente paso.

Las Enseñanzas de Rama

Si nos preparamos para el momento de la muerte, esta puede ser una experiencia dulce y pacífica, sin mayores angustias ni sobresaltos. Es cierto que no todos tienen la fortuna de morir en su cama rodeados de quienes más los amaron; pero aunque no fuese ese el caso, el ser conscientes de que la muerte realmente no existe, sino que solo existen la transformación y la trascendencia, nos debe llenar de esperanza y tranquilidad, de tal manera que está más que garantizado que por afinidad nos volveremos a encontrar con todos aquellos que significaron tanto para nosotros.

Sí, la energía no se destruye, solo se transforma. La vida es un continuo aprendizaje que no termina nunca, ni cuando morimos, porque seguiremos aprendiendo en otros planos de existencia hasta que estemos listos para volver y seguir progresando en conciencia. La ventaja es que cada vez que volvemos lo hacemos a «cero kilómetros», aunque está la incomodidad de tener que repetir siempre aprendiendo o recordando lo básico. Pero nos debe consolar saber que todo lo ganado en vidas pasadas nos acompañará de una existencia a otra e irá aflorando poco a poco.

La muerte no es el final de la vida, es una etapa de ella; es solo el final de un ciclo que continua en otros planos para un renacimiento futuro siempre en mejores condiciones que las anteriores, dependiendo claro de nuestro desenvolvimiento previo.

La muerte es la iniciación máxima. Desde que nacemos empezamos a morir; la cuenta regresiva se inicia y no termina hasta concluir con el tiempo que se nos asignó o que supimos escoger en base a nuestros méritos.

Al ser una iniciación, el reconocimiento de una expansión de conciencia adquirida y merecida, la muerte debe encontrarnos realizados o en proceso de realización, de tal manera que debemos procurar vivir la vida con intensidad pero a la vez con un sentido profundo. Nuestra vida es importante en la medida en que es útil, pero no solo para nosotros sino para los demás y para nuestro entorno.

Solo cuando una vida ha sido plenamente vivida y ha servido, la muerte es un descanso merecido, un premio adquirido; las vacaciones que habrán de ser gozadas para volver con nuevas energías y proyectos.

Procuremos que cuando lleguemos a ese momento en el que estemos en el umbral de la muerte podamos sentir en lo más profundo de nuestro ser que nuestra vida valió la pena.

Por ello no temamos morir, sino que nuestro temor sea no haber vivido con sentido y trascendencia.

KOLIMA
BOOKS

www.ingramcontent.com/pod-product-compliance
Ingram Content Group UK Ltd.
Pitfield, Milton Keynes, MK11 3LW, UK
UKHW021956190726
13853UKWH00004B/1565

9 788418 263057